RAPPORT

A

M. LE MINISTRE DE LA GUERRE

FAIT

AU NOM DE LA COMMISSION MIXTE CHARGÉE DE PRÉPARER UN PROJET DE LOI
SUR L'ADMINISTRATION DE L'ARMÉE

PAR

M. LÉON BOUCHARD

———◆———

PARIS

LIBRAIRIE DES PUBLICATIONS LÉGISLATIVES

A. WITTERSHEIM & Cᵉ, QUAI VOLTAIRE, 31

—

1874

COMMISSION MIXTE

CHARGÉE DE PRÉPARER

UN PROJET DE LOI SUR L'ADMINISTRATION DE L'ARMÉE

Membres de la Commission :

MM. le duc D'AUDIFFRET-PASQUIER, député de l'Orne, *Président ;*
le duc D'HARCOURT, député du Calvados :
DE WITT, député du Calvados ;
DAUSSEL, député de la Dordogne ;
RIANT, député de l'Allier ;
le général CHARETON, député de la Drôme ;
AUDIBERT, sous-directeur au ministère des finances ;
BOUCHARD, conseiller référendaire à la Cour des comptes ;
le général BOREL, chef d'état-major général du ministre de la guerre :
le général BERTHAUT, commandant la 11ᵉ division
  d'infanterie du 4ᵉ corps de l'armée de Versailles, } démissionnaires
le général DUMONT, } le 26 février 1874 ;
le général FRÉMONT,
le général L'HERILLER, }
le général BERTHE, } Nommés en remplacement
le général BLOT, } des généraux BERTHAUT, DUMONT et FRÉMONT ;
l'intendant général WOLFF, démissionnaire le 19 mai 1874 ;
l'intendant militaire PERRIER ;
le colonel BERGE, chef du service de l'artillerie au ministère de la guerre,
  remplacé le 9 février 1874, pour cause de maladie, par
le colonel POURRAT ;
le colonel ANSOUS, chef du service du génie au ministère de la guerre ;
le sous-intendant militaire de 1ʳᵉ classe ROSSIGNOL, démissionnaire le
  19 juin 1874 ;
le sous-intendant militaire de 1ʳᵉ classe LAHAUSSOIS ;
le lieutenant-colonel CORBIN ;
JEANSON, chef du bureau de la correspondance générale au ministère de la
  guerre, *Secrétaire.*

RAPPORT

A

M. LE MINISTRE DE LA GUERRE

FAIT

Au nom de la Commission mixte chargée de préparer un projet de loi sur l'administration de l'armée,

PAR M. LÉON BOUCHARD

MONSIEUR LE MINISTRE,

La commission mixte, chargée d'élaborer un projet de loi sur l'administration de l'armée, vient de terminer sa tâche. Elle vous soumet le texte du projet qu'elle a préparé, en vous exposant les motifs de chacune des dispositions qui y sont contenues.

Introduction.

Les malheurs de la campagne de 1870 avaient démontré l'infériorité de notre état militaire. On s'était convaincu, par une douloureuse expérience, qu'il ne suffisait pas de frapper du pied le sol pour en faire sortir d'invincibles armées, mais qu'il faut au contraire se préparer de longue main et organiser à l'avance les forces vives de la nation, si l'on veut, au jour du danger, les trouver prêtes pour une action prompte et énergique. Le salut du pays a donc imposé une immense réforme.

Réforme de l'organisation militaire. — Lois des 27 juillet 1872 et 24 juillet 1873.

La loi du 27 juillet 1872 et celle du 24 juillet 1873 ont posé les bases de nos nouvelles institutions militaires. La première a introduit le principe du service obligatoire pour tous les Français et a établi les règles qui doivent présider au recrutement des troupes. La seconde a mis en œuvre les éléments fournis par le recrutement et constitué l'organisation générale de l'armée. Elle a décidé que les forces militaires seraient réparties en un certain nombre de corps d'armée; que ces corps seraient formés d'une manière permanente en divisions et brigades, et constamment pourvus de leur matériel, de leurs approvisionnements et de leurs services. Cette loi s'est contentée d'indiquer les bases de l'organisation administrative de l'armée. Elle a laissé à une loi spéciale le soin de régler les détails, de déterminer les attributions de tous ceux qui seraient chargés d'assurer la direction et la gestion des services.

Objet du projet de loi sur l'administration de l'armée. Cette loi spéciale, destinée à compléter les dispositions de la loi du 24 juillet 1873, devait rentrer dans le système déjà voté et rester conforme aux principes dont elle est appelée à présenter l'application et le développement. La commission a cherché à ne pas perdre de vue cette idée générale dans la rédaction du projet.

Causes du mauvais fonctionnement des services dans la dernière campagne. Depuis nos derniers désastres, l'opinion publique s'était vivement préoccupée de l'administration militaire. Elle avait confondu, dans un sentiment souvent injuste, les fautes des hommes et les vices des institutions et avait rendu presque uniquement responsable du mauvais fonctionnement des services le corps qui personnifiait l'administration. Si les troupes avaient manqué de vivres, si les blessés avaient manqué de soins, on s'en prenait au corps de l'intendance. On ne recherchait pas quelle part devaient avoir dans ce dénûment le défaut de préparatifs, l'insuffisance des ordres supérieurs, les hésitations incessantes dans la direction générale de l'armée, l'imprévoyance et l'incurie des soldats eux-mêmes. On oubliait les circonstances exceptionnelles d'une guerre constamment malheureuse, au milieu desquelles les combinaisons étaient à chaque instant déjouées, où chefs et soldats étaient trop souvent forcés d'aller à l'aventure, où la meilleure organisation eût été impuissante à fournir un service régulier. On avait besoin d'une responsabilité sur laquelle on pût rejeter toutes ces souffrances ; on trouvait l'intendance militaire et on lui faisait supporter le poids des fautes communes.

Plus tard, le sentiment de la justice vint modifier ces premières impressions. On examina les faits de sang-froid ; on analysa les causes de nos revers ; on chercha la part de chacun, et l'on reconnut que les institutions pouvaient être accusées plus que les hommes.

Dans la constitution générale de l'armée, on fut frappé de la mauvaise répartition des contingents, de leur manque d'instruction, de la lenteur des réserves à rejoindre leur corps, de la formation improvisée des corps d'armée en temps de guerre. On sentit tous les inconvénients du système « qui consiste à prendre un divisionnaire à Lille, un brigadier à Perpignan, un intendant en Algérie, à placer tous ces fonctionnaires, appelés des quatre points cardinaux, dans une action commune, sans que rien leur ait révélé leurs caractères, leurs aptitudes réciproques, sans que des fonctions exercées en commun, côte à côte, leur aient inspiré les uns dans les autres la confiance si nécessaire pour bien gérer leur commune responsabilité, et alors que sous peu de jours on doit se trouver en présence de l'ennemi (1). »

On remarqua le défaut de concert entre l'administration et le commandement : on vit deux organisations fonctionner d'une façon parallèle, sans régler ni mettre d'accord leurs mouvements : le général plus préoccupé de la direction de ses troupes que des moyens de pourvoir à leurs besoins matériels qu'il considérait comme du domaine de l'intendance; l'intendant livré à lui-même, à ses inspirations, opérant souvent à l'aventure, cumulant sur sa tête un fardeau écrasant de fonctions et de devoirs, s'épuisant en efforts inutiles et n'aboutissant qu'à faire un service insuffisant et à mécontenter tout le monde. Cette séparation de l'administration et du commandement, cette coexistence de deux volontés, indépendantes l'une de l'autre, qui se paralysent et s'annulent, le *dualisme*, pour employer l'expression consacrée, fut condamné. On décida qu'il devait être proscrit de l'organisation militaire.

On savait bien, il est vrai, que l'indépendance de l'administration n'était pas en principe aussi complète qu'elle le semblait, qu'elle disparaissait à peu près entièrement en campagne, que pendant la guerre l'initiative et l'autorité ministérielles étaient dévolues, pour ainsi dire, en entier au général en chef responsable des opérations militaires, que l'ordonnance du 3 mai 1832 contenait à cet égard des dispositions formelles (2). On n'ignorait pas que, même pendant la paix, l'autorité militaire avait une certaine action sur les services administratifs (3), et que les articles 23 et 24

Défaut de concert entre l'administration et le commandement.

(1) *Discours de M. le duc d'Audiffret-Pasquier devant les commissions réunies de la réorganisation de l'armée et des marchés.* Séance du vendredi 13 juin 1873, page 19.

(2) Se reporter notamment aux articles 6, 11, 15, 17, 146, 147, 151, 157, 208 de l'ordonnance du 3 mai 1832 et à la décision impériale du 3 octobre 1856.

(3) Voir, pour le service des subsistances, le règlement provisoire du 26 mai 1866, articles 241, 245, 246 et 452, l'instruction du 7 mai 1867 sur les inspections générales, article 97;

Pour le service de l'habillement, du campement et harnachement, la même instruction, article 98;

Pour le service des hôpitaux, le règlement provisoire sur le service de santé, articles 585, 696 à 701, 706 et 707, et l'instruction sur les inspections générales, article 96;

Pour l'administration intérieure des corps de troupes, la même instruction, articles 91 et 92, et l'ordonnance du 10 mai 1844, articles 16 et 261.

de l'ordonnance du 18 septembre 1822 conféraient des droits importants aux généraux commandant les divisions organisées ou territoriales.

Centralisation excessive des affaires.

Mais ces attributions se trouvaient, pour ainsi dire, étouffées par la centralisation excessive de toutes les affaires entre les mains du ministre. Les lois de la Restauration avaient eu sinon pour objet, du moins pour résultat d'isoler le général, d'amoindrir son importance, de diminuer l'influence qu'il pouvait exercer sur ses troupes elles-mêmes et sur le territoire où il commandait. Elles avaient circonscrit dans des limites assez étroites le champ où il lui était permis de développer ses qualites administratives. Aussi avait-il fini par négliger l'usage de droits qui lui étaient mesurés avec parcimonie ; il ne songeait que rarement à user des dispositions formulées en sa faveur par les ordonnances et les règlements. Rien en temps de paix ne lui faisait une nécessité de s'occuper d'administration. Il ne ressentait qu'un médiocre attrait à fixer son esprit sur des détails fastidieux. Il n'avait pas la responsabilité de l'entretien matériel de ses troupes qui incombait à l'intendance. Quand parfois il voulait intervenir, il le faisait sans l'expérience et l'autorité nécessaires et se heurtait à des résistances, à des obstacles. Soit insouciance, soit dégoût, il finissait par se désintéresser des choses administratives. Puis, quand venait la guerre, il entrait en campagne, mal préparé pour les devoirs qu'il avait à remplir. Il ne savait pas manier l'instrument dont il n'avait pas appris l'usage; continuait à se désintéresser de l'administration comme en temps de paix, laissait l'intendant agir de son côté et n'imprimait pas cette impulsion unique, nécessaire pour faire marcher avec ensemble les mouvements militaires et le fonctionnement des services.

Nécessité d'associer le commandement à l'administration.

Pour éviter ces inconvénients, il fallait associer le commandement à l'administration d'une manière plus effective et plus constante. On songea à lui donner, en temps de paix comme en temps de guerre, la direction administrative, à placer sous ses ordres l'exécution des services, à lui imposer la responsabilité de tout ce qui concerne le bien-être et la vie des troupes.

Nécessité de fortifier le contrôle.

Mais, si l'on augmentait les attributions des généraux, il ne fallait pas découvrir la responsabilité du ministre. Il fallait réorganiser et fortifier le contrôle destiné à la protéger. Jusqu'alors il n'y avait pas eu de contrôle séparé, indépendant, complétement étranger à la perpétration des actes. Dans les services de l'artillerie et du génie aussi bien que dans ceux de l'intendance, on ne trouvait que la surveillance exercée par les chefs sur leurs agents ; on cherchait vainement un contrôle, dans le sens de l'inspection supérieure, remis à des hommes affranchis de la confraternité que crée l'épaulette et de tout lien de camaraderie avec ceux qu'ils devaient contrôler (1): C'est cette institution qu'il s'agissait de créer.

De nombreux systèmes furent proposés pour mettre à exécution ces idées générales et pour concilier les droits nouveaux accordés au commandement avec la garantie de la responsabilité ministérielle. Il serait trop long de les passer en revue et de les analyser. La commission n'a dû s'occuper que de celui qui lui a été présenté par M. l'intendant militaire Victor Perrier. Ce projet coupait l'administration militaire en deux parties : la première, comprenant la direction et l'exécution, était mise sous les ordres des généraux : elle fonctionnait au moyen de chefs d'état-major administratifs, désignés sous le nom de quartiers-maîtres, assistés d'agents généraux d'exécution, qui prenaient le nom de commissaires aux approvisionnements ; la seconde, comprenant les opérations financières, l'ordonnancement et le contrôle, était placée sous la main du ministre ; elle avait pour pivot l'inspecteur-ordonnateur. Ce nouveau fonctionnaire, qui n'était autre que l'ancien intendant dépouillé de ses attributions de direction et doté de pouvoirs plus larges en ce qui concerne le contrôle, exerçait une surveillance permanente sur tous les services, veillait à l'observation des règlements et sauvegardait le budget par le visa des marchés et l'ordonnancement des dépenses. Comme tout acte administratif aboutit à une dépense, rien ne pouvait échapper à sa vigilance. Le ministre avait une garantie certaine ; on établissait un contrôle entièrement indépendant, et, d'autre part, on mettait fin à cette longue confusion, dans la personne de l'intendant, de deux caractères différents : celui qu'il tenait du ministre comme contrôleur, celui qui le subordonnait au général comme directeur des services.

On généralisait et on appliquait à tous les degrés le système établi par l'ordonnance du 10 mai 1844 pour l'administration intérieure des corps de troupes.

La commission n'a pas cru pouvoir adopter ce projet. Elle a craint que la séparation de l'administration et du contrôle ne fût pas aussi complète qu'on semblait l'espérer ; que l'inspecteur-ordonnateur, armé du droit de visa des marchés et du droit d'ordonnancement de toutes les dépenses, ne fût amené à s'ingérer dans toutes les affaires, et qu'enfin le général, tenu en échec constant par le pouvoir de ce fonctionnaire indépendant, ne retombât dans une tutelle plus étroite qu'auparavant.

Projet de loi présenté par M. l'intendant militaire Victor Perrier.

Motifs pour lesquels ce projet n'a pas été adopté.

(1) *Discours de M. le duc d'Audiffret-Pasquier devant les commissions réunies de la réorganisation de l'armée et des marchés*, page 49.

Cependant, tout en écartant le système de M. Perrier, elle n'abandonna pas les principes généraux qui avaient été établis dans les commissions des marchés et de la réorganisation de l'armée, et chercha un autre moyen de les appliquer. Un nouveau projet fut en conséquence préparé : et c'est celui, Monsieur le Ministre, que la commission aujourd'hui a l'honneur de vous soumettre.

Projet de loi préparé par la commission. Ce projet se divise en six titres, savoir :

Titre Ier. — Dispositions générales ;

Titre II. — Administration des établissements et services spéciaux ;

Titre III. — Administration des armées, corps d'armée, divisions et brigades ;

Titre IV. — Administration intérieure des corps de troupes, des établissements considérés comme tels, des hôpitaux, ambulances et infirmeries militaires ;

Titre V. — Personnel ;

Titre VI. — Dispositions finales.

TITRE Ier

Dispositions générales.

Le titre Ier a pour objet de préciser les principes qui dominent toute la loi, et de formuler les dispositions générales qui s'appliquent aux divers services. Il indique et motive les divisions qui ont été adoptées, présente le tableau sommaire et le plan d'ensemble de l'organisation administrative.

Objet du titre Ier.

Il convenait d'inscrire au frontispice de la loi le principe de la responsabilité ministérielle. Le ministre de la guerre est le chef responsable de l'administration de l'armée, et les pouvoirs nouveaux accordés aux généraux commandant les corps d'armée ne doivent altérer en rien son autorité ni ses devoirs. S'il est bon de détruire la centralisation excessive qui pèse sur l'armée, il n'importe pas moins d'éviter le fractionnement exagéré du pouvoir, dont l'unité forme la principale force de notre système politique.

Utilité d'inscrire dans la loi le principe de la responsabilité ministérielle.

« La division du travail, dit M. le général Chareton, dans son rapport sur la réorganisation de l'armée (1), est une des conditions essentielles du progrès des sociétés modernes.

« Votre commission vous propose d'en faire l'application à notre organisation militaire, en détachant de l'administration centrale de la guerre une partie de ses attributions, pour les transporter aux généraux commandant les corps d'armée.

« Mais cette décentralisation doit être opérée dans des limites telles qu'elle ne compromette ni le principe d'autorité, ni l'unité de direction. »

Le ministre a seul, devant le pays, la responsabilité de la direction des affaires et de l'emploi des crédits qui lui sont alloués par le budget. Cette responsabilité est indivisible; elle ne peut être déléguée, et l'on ne sau-

(1) Rapport de M. le général Chareton sur la réorganisation de l'armée, page 85.

2

rait y toucher sans ruiner du même coup l'unité du pouvoir. La décentralisation n'est pas le démembrement de l'autorité; et il n'a jamais été dans l'esprit de personne de faire autant de ministres qu'il y a de commandants de corps d'armée. Pour marcher avec harmonie, tout doit se rattacher à un centre d'où part l'impulsion commune. Le ministre est ce centre : il est la tête de l'administration; il a seul des rapports avec l'Assemblée; il peut seul être interpellé par elle. La réforme militaire n'a rien changé à ces principes fondamentaux, et il a paru bon de l'affirmer en tête de la loi.

Conséquences de la responsabilité ministérielle et caractère particulier de cette responsabilité dans la nouvelle organisation de l'armée.

La conséquence de la responsabilité ministérielle est qu'aucun acte administratif ne peut avoir lieu qu'en vertu d'un ordre direct ou d'une délégation du ministre. Cette délégation peut être spéciale, accidentelle : elle peut être aussi permanente, obligatoire, imposée par la loi, et c'est précisément l'organisation de ces délégations permanentes qui constitue la décentralisation administrative. La loi désigne les officiers et fonctionnaires auxquels la délégation doit être faite; elle indique les limites dans lesquelles elle doit être maintenue, en même temps que la portion des attributions qui appartient à chacun des délégués. La responsabilité qui incombe au ministre lui donne toute autorité sur les personnes, mais ne lui permet pas de modifier les institutions. Il peut déplacer les hommes qui, par leurs fonctions mêmes, se trouvent ses délégués, et ne nommer à ces fonctions que ceux qui sont en possession de sa confiance. Il ne peut élargir ni diminuer les attributions que ces derniers tiennent de la loi.

Division de l'administration.

Après avoir défini la situation du ministre dans le nouvel ordre de choses, il convenait d'indiquer l'objet de l'administration de la guerre et les bases de son organisation. Ces bases se trouvent dans l'article 14 de la loi du 24 juillet 1873. L'article en question divise l'administration en deux parties :

La première, retenue sous la direction immédiate du ministre, et comprenant les établissements spéciaux destinés à assurer la défense générale du pays, ou à pourvoir aux services généraux des armées;

La seconde, placée sous l'autorité des généraux commandant les corps d'armée, et comprenant les troupes des corps d'armée et leurs réserves, l'armée territoriale et sa réserve, ainsi que les services et établissements militaires exclusivement affectés à ces forces.

Constitution de l'administration par région de corps d'armée.

Cette division a dû être consacrée dans le projet de loi. On a constitué sur toute l'étendue du territoire cette double administration, par région de corps d'armée.

L'esprit du nouveau système militaire est d'éviter le danger des formations improvisées au moment de la guerre. C'est dans ce but qu'ont été créés les corps d'armée permanents. L'application du principe de la permanence devait être faite non-seulement aux troupes, mais encore à l'administration des corps d'armée. Aussi était-il nécessaire d'indiquer que cette administration serait organisée en temps de paix comme en temps de guerre. Il faut réunir d'avance auprès du corps d'armée le personnel qui est chargé de l'administrer, de le soigner, de le faire vivre en campagne. Il faut habituer le général à connaitre et à manier ce personnel, à prévoir les besoins de ses troupes, à s'occuper de leur bien-être, à assurer les services. Cette habitude ne peut être acquise que par une pratique constante en temps de paix. Cette unité dans la constitution générale de l'administration n'a pu cependant avoir pour conséquence l'assimilation absolue du temps de paix et du temps de guerre. Les circonstances, les difficultés, les exigences ne peuvent être les mêmes en campagne que dans l'intérieur. Il en résulte autant de nuances dont on a cherché à tenir compte dans le projet de loi.

Le principe de l'unité du pouvoir exige, ainsi qu'il a été dit plus haut, que tout se rattache à un centre qui est le ministre. C'est au ministre qu'aboutissent tous les actes administratifs; c'est vers lui que convergent toute l'administration des établissements spéciaux, toute l'administration des corps d'armée. Il est donc essentiel de placer auprès de lui des bureaux, un personnel capable d'opérer cette centralisation, de le représenter dans les mille détails qui lui sont dévolus, et auxquels un homme ne peut suffire. Cette administration centrale qui se confond avec lui, qui n'a aucune autorité propre, qui ne peut agir qu'en son nom et en vertu de sa délégation expresse, forme, pour ainsi dire, la tête du corps administratif, dont les bras s'étendent sur tous les points du territoire et sont représentés par le personnel de l'administration locale. Ce personnel est réparti sur le territoire, dans les corps d'armée, divisions, brigades et corps de troupes. Il comprend à la fois les officiers, fonctionnaires et agents de tous grades qui prennent part à l'administration militaire, suivant le rôle et dans la mesure attribués à chacun d'eux.

Personnel administratif.

C'est avec ces organes que l'administration de la guerre assure le fonctionnement des services dont elle se compose.

Si l'on reste dans les hauteurs de l'administration générale, et qu'on se place au point de vue de l'ordonnancement des dépenses, ces services se résument en trois branches principales : l'artillerie, le génie, l'intendance.

Les services de l'administration se résument en trois branches principales.

Si l'on descend d'un degré, et qu'on cherche sous ces trois grandes divisions les administrations qui ont une constitution distincte, on reconnaît, dans ce qui forme le domaine de l'intendance, indépendamment des services placés sous les ordres immédiats de ce corps, deux autres catégories de services qui n'en dépendent que par l'ordonnancement et par le contrôle, savoir : 1° l'administration intérieure des corps de troupes et des établissements considérés comme tels; 2° l'administration des établissements hospitaliers.

Les services placés sous les ordres directs de l'intendance, comme tous ceux de l'artillerie et du génie, sont soumis aux règles générales édictées par le titre Ier. Quant à l'administration intérieure des corps de troupes, des établissements considérés comme tels, et des établissements du service hospitalier, elle fait l'objet d'un titre spécial (titre IV) dans le projet de loi. Il a fallu régler par des dispositions particulières une organisation où l'action de l'intendance vient se combiner avec celle des chefs de corps et des officiers de santé, où la direction revêt une forme plus complexe et fonctionne dans des conditions qui lui sont propres.

Il importait d'établir ces divisions, avant d'entrer dans la distinction des éléments constitutifs de l'administration elle-même. Ces éléments sont au nombre de trois : la direction, la gestion ou exécution, le contrôle.

M. le général Chareton, dans son rapport déjà cité, faisait de la séparation de ces trois parties une des bases fondamentales de l'organisation administrative. Il posait comme condition non moins essentielle l'indépendance absolue du contrôle. A ce sujet, il établissait une distinction :

« Toutes les opérations administratives, disait-il, sont soumises à un double contrôle : 1° le contrôle intérieur ou contrôle des faits; 2° le contrôle extérieur ou contrôle général. Le premier ne peut être efficacement exercé que par un homme initié à tous les détails pratiques du service, c'est-à-dire par le directeur de ce service lui-même, dont les fonctions doivent être essentiellement distinctes de celles du gestionnaire responsable.

« Le contrôle général s'exerce par délégation du ministre, en dehors de la gestion et de la direction des services administratifs, qui restent placés sous l'autorité du commandement (1). »

M. le général Chareton a exactement indiqué le double caractère du contrôle, les deux degrés auxquels il s'exerce. Il y a, en effet, le contrôle

(1) Rapport de M. le général Chareton sur la réorganisation de l'armée, page 95.

intérieur ou, comme on l'appelait jusqu'ici, le contrôle local ; il y a le contrôle général. Le projet introduit même, entre le contrôle intérieur et le contrôle général, un contrôle intermédiaire qui est spécial aux corps de troupes et aux établissements désignés dans le titre IV, et qui résulte de la constitution particulière de la direction dans ces corps et établissements. Il en sera fait mention dans la partie du rapport qui les concerne.

Le contrôle intérieur est destiné à prévenir les erreurs et les fraudes, à arrêter le mal dans son germe, à fournir une base solide pour les vérifications ultérieures. Il intervient, avant l'accomplissement des faits, par des autorisations ; lorsque les opérations sont réalisées, par des constatations. C'est le contrôle du chef de service qui s'assure de la légitimité de l'opération avant de l'ordonner, et qui, après l'avoir ordonnée, reconnaît la manière dont elle a été exécutée. C'est la surveillance du directeur responsable qui s'exerce sur ses subordonnés et sur le gestionnaire, pour protéger sa propre responsabilité autant que pour garantir le Trésor.

Caractère du contrôle intérieur ou surveillance administrative. — Relation étroite entre ce contrôle et la direction.

Ce double intérêt exige qu'il ne soit rien fait que dans la limite des lois, des règlements, des allocations budgétaires. Tous les actes qui s'exécutent dans un service ne peuvent donc avoir lieu qu'en vertu de l'ordre ou de l'autorisation de celui qui en est le chef, autorisation permanente pour les opérations ordinaires du service courant, spéciale pour tout ce qui excède les prescriptions réglementaires. Il n'importe pas moins que le même fonctionnaire constate si les agents d'exécution se sont renfermés dans les termes de ces autorisations et si les opérations ont été régulières, si les approvisionnements livrés par les fournisseurs ont réuni les conditions convenues de qualité et de quantité, si les transformations et manutentions ont été bien faites, si enfin les effectifs dont il liquide les dépenses existent réellement. Le directeur du service n'est-il pas tenu de vérifier tous ces points, avant d'arrêter les sommes qui doivent être légitimement payées pour l'achat des matières, les émoluments du personnel, la solde des troupes ? Qui, d'ailleurs, mieux que lui, peut procéder à ces vérifications et arrêter ces chiffres, puisqu'il ordonne les achats, assiste aux marchés, aux réceptions, aux transformations, fournit aux corps leurs prestations ? N'est-il pas évident que ce contrôle est intimement lié à la direction, qu'il fait partie de l'action administrative et qu'il doit appartenir à l'administrateur lui-même ?

Si le contrôle intérieur ne peut appartenir qu'au directeur du service, l'ordonnancement des dépenses doit être également une de ses attributions. C'est, en effet, le couronnement naturel et presque nécessaire de ce

Relation étroite entre ce contrôle et l'ordonnancement.

contrôle. N'est-il pas logique de confier le droit de faire ouvrir les magasins et les caisses publiques au fonctionnaire qui a le pouvoir d'engager la dépense et l'obligation de la constater, qui doit suivre chaque jour les opérations, vérifier et arrêter les droits des créanciers de l'État ? Est-il possible de transférer ce droit en d'autres mains que celles de l'administrateur, sans enlever en même temps à ce dernier et le contrôle intérieur et l'administration elle-même ? Le directeur est-il le maître de son service, s'il ne peut disposer de ses approvisionnements et ordonner une dépense, sans le consentement d'un agent placé en face de lui ? Peut-il prendre un engagement valable, si cet engagement peut être annulé, au moment du payement, par le veto du fonctionnaire qui tient la clef du Trésor ? Ne serait-il pas obligé, pour prévenir tout embarras, de faire intervenir cet ordonnateur dans tous ses actes, de l'associer à son administration, de solliciter et d'obtenir d'avance son acquiescement à toutes ses opérations ? L'ordonnateur ne serait-il pas entraîné à entrer dans tous ces détails, s'il voulait ouvrir à bon escient le Trésor public ? Ne serait-il pas la doublure de l'administrateur, ou plutôt l'administrateur lui-même, puisque, dans toutes les affaires, il aurait le dernier mot et imposerait sa volonté par le droit qui lui appartiendrait de disposer de l'argent ?

Réunion, dans les mêmes mains, de la direction, du contrôle intérieur et de l'ordonnancement.

Ces considérations ont paru suffisamment établir la nécessité de réunir dans les mêmes mains la direction, le contrôle intérieur et l'ordonnancement. Pour bien indiquer le caractère spécial du contrôle intérieur, et pour empêcher toute confusion avec le contrôle général, qui doit être constitué d'une manière indépendante et entièrement distincte de la direction, on a désigné dans le projet le premier de ces contrôles sous le nom de surveillance administrative, et le second sous celui de contrôle.

Les principes qui viennent d'être exposés ont été consacrés dans la rédaction de l'article 7, où l'on définit la direction ainsi qu'il suit :

Direction.

« La direction consiste à prévoir les besoins, à donner les ordres pour y pourvoir, à surveiller l'exécution de ces ordres, à liquider et à ordonnancer les dépenses qui en sont la conséquence, et enfin à assurer l'observation des lois et règlements administratifs. »

C'est donc au directeur du service qu'appartiendra l'ordonnancement et que sera faite la délégation des crédits nécessaires pour l'acquittement des dépenses ; c'est à lui que sera confiée la surveillance administrative qui doit avoir lieu sur place et d'une manière permanente.

La double attribution de la direction et de la surveillance adminis- trative sera exercée, sous l'autorité immédiate du ministre, pour les établissements et services spéciaux désignés par l'article 14 de la loi du 24 juillet 1873, et, sous l'autorité des généraux commandant les corps d'armée, pour les services afférents à l'administration des corps d'armée, divisions et brigades. Mais, quels que soient les services, et quelle que soit l'autorité sous laquelle ils sont placés, l'attribution de l'ordonnance-ment résulte d'une délégation spéciale qui établit entre le ministre et le titulaire des crédits des relations directes, et impose à ce dernier une res-ponsabilité directe vis-à-vis du ministre.

Étant admis le principe que l'ordonnancement doit appartenir à la direction, la délégation des crédits doit nécessairement être faite aux directeurs des services. Or, ces directeurs sont, pour l'artillerie et le génie, les officiers directeurs de ces armes, et, pour les services adminis-tratifs proprement dits, les fonctionnaires de l'intendance. Les directeurs, titulaires des crédits, peuvent sous-déléguer tout ou partie de ces crédits aux officiers et chefs des établissements de l'artillerie et du génie, ainsi qu'aux fonctionnaires de l'intendance qui sont sous leurs ordres. La faculté de sous-déléguer les crédits n'existait pas jusqu'alors dans les services de l'artillerie et du génie. C'est aux directeurs seuls, délégataires du ministre, qu'appartenait l'ordonnancement des dépenses de ces services. Il en résultait que ces directeurs, placés quelquefois loin des lieux où s'effectuaient les opérations, ne pouvaient surveiller d'une façon utile l'exécution du service, ni constater réellement l'exactitude des dépenses qu'ils ordonnançaient. On a cru introduire une amélioration, en rapprochant le contrôle intérieur et l'ordonnancement du lieu de la réa-lisation des faits, et en inscrivant dans la loi, pour l'artillerie et le génie, une faculté dont jouit depuis longtemps l'intendance. Les directeurs des deux armes spéciales pourront donc, lorsqu'il y aura utilité pour le service, sous-déléguer leurs crédits aux officiers chargés, sous leurs ordres, des fonctions de la direction.

La délégation qui, en temps de paix, est faite par le ministre direc- tement et d'une façon distincte aux directeurs de l'artillerie et du génie, ainsi qu'aux fonctionnaires de l'intendance, n'est plus faite, en temps de guerre, pour tous les services d'une armée en campagne, qu'à l'intendant de cette armée. Il importe, en effet, de centraliser, entre les mains du fonctionnaire placé près du général en chef, toutes les ressources finan-cières qui doivent être employées, sous l'impulsion d'une volonté unique, pour l'exécution d'un plan d'ensemble. C'est alors l'intendant d'armée, banquier général de l'armée, qui sous-délègue les crédits aux divers services, suivant les besoins, dont le général en chef est le seul juge.

Après la direction qui donne les ordres, arrive la gestion qui les exécute.

La gestion consiste à réunir, recevoir, transformer, conserver et distribuer tous les objets nécessaires à l'entretien de l'armée et à la défense du pays, ainsi qu'à justifier de l'emploi des deniers et des matières.

La gestion peut être confiée, soit à des conseils d'administration, comme dans l'artillerie, soit à des officiers, comme dans le génie, soit à des comptables, comme dans les service de l'intendance. On a soumis ces derniers gestionnaires à l'obligation de fournir un cautionnement.

L'obligation du cautionnement est de principe pour tous les comptables qui ont un maniement de deniers ou de matières, et qui ont directement vis-à-vis de l'Etat la responsabilité de ces matières ou de ces deniers. On n'a pas cru devoir l'imposer aux officiers de l'artillerie et du génie qui sont chargés de la gestion dans ces deux services. Cette obligation a paru incompatible avec le caractère de combattants inhérent à ces officiers. Il a semblé, de plus, que la responsabilité collective qui pèse sur tous les membres du conseil d'administration, présente une garantie qui peut suppléer dans une certaine mesure à celle résultant du cautionnement.

En conservant la gestion entre les mains des conseils d'administration, il était indispensable toutefois de ne pas déroger au principe qui prescrit la séparation de la direction et de la gestion. Jusqu'alors ces deux attributions ont été confondues dans les services de l'artillerie. Le directeur de l'artillerie fait partie du conseil d'administration qu'il préside : il est, en conséquence, associé à tous les actes et à la responsabilité de la gestion. On comprend qu'il ne saurait exercer librement, dans ces conditions, les attributions qui appartiennent à la direction, et notamment le contrôle intérieur ou surveillance administrative. Le principe du contrôle repose sur l'antagonisme des intérêts, et le directeur de l'artillerie ne peut être considéré comme ayant des intérêts contraires à ceux de la gestion à laquelle il participe. Le défaut de contrôle intérieur a produit, dans l'organisation actuelle, une lacune qu'on s'est efforcé de combler, en centralisant, dans les bureaux du ministère, la surveillance qui ne peut être exercée sur les lieux. Aucune somme ne peut être payée dans les directions, même pour le service courant, avant que la dépense n'ait été vérifiée et admise par les bureaux de l'administration centrale, à Paris. Il en résulte des embarras et des lenteurs qu'il a paru possible de supprimer, en faisant prévaloir dans l'artillerie les règles qui régissent les autres services, et en établissant une gestion distincte de la direction. Le directeur sera, en conséquence, détaché du conseil d'administration gestionnaire, dont la présidence sera dévolue au sous-directeur. Il aura néanmoins le droit d'assister aux séances de ce conseil. En introduisant cette réforme, et en détruisant ainsi la communauté d'intérêts existant entre le directeur et le conseil d'administration, on assure au premier les qualités convenables pour diriger et surveiller les actes du second.

Pour donner un cadre complet de l'organisation administrative, on a écrit, à la suite de la gestion, les dispositions qui indiquent le mode général d'exécution des services et les moyens employés pour réunir les approvisionnements. *Mode général d'exécution des services.*

Les services sont exécutés, soit en gestion directe, soit à l'entreprise. Bien que l'entreprise ait des avantages incontestables, et qu'il paraisse désirable de s'adresser au commerce le plus souvent possible, il ne faut pas oublier que la gestion directe est indispensable pour certains services et dans certaines circonstances, notamment en temps de guerre, en présence de l'ennemi. Il faut donc laisser au ministre la faculté d'employer l'un ou l'autre de ces modes d'exploitation, et c'est ce que le projet a voulu consacrer.

Les moyens pour réunir les approvisionnements sont : les adjudications publiques, les marchés de gré à gré, les achats à commission et la réquisition. Le projet n'autorise l'emploi de ce dernier moyen qu'en temps de guerre ou dans les cas de force majeure. La réquisition qui s'exercerait sur le pays d'une façon régulière et permanente pendant la paix, rappellerait le droit de prise qui a soulevé autrefois de si vives et si justes plaintes. Elle porterait à la liberté des transactions et au droit de propriété une atteinte qui ne peut être légitime que dans les cas de nécessité absolue. Elle modifierait enfin le système même de nos impôts, en ramenant l'impôt en nature, et, avec lui, les inégalités dans la répartition et les autres inconvénients qui l'ont fait supprimer. Cependant, il est désirable que, pendant la guerre, ce moyen soit employé plus souvent, et qu'on ne voie plus, comme dans la dernière campagne, les troupes souffrir la faim dans un pays pourvu d'abondantes ressources. Il y a donc lieu d'étudier l'usage de la réquisition, de compléter, au besoin, les règlements et instructions qui la régissent, d'appliquer ceux qui existent, enfin de faire sur ce point l'éducation des officiers et fonctionnaires appelés en campagne à approvisionner les troupes. *Moyens employés pour réunir les approvisionnements.*

Malgré l'emploi de la réquisition en temps de guerre, les marchés seront toujours le principal moyen de pourvoir l'armée. Il est donc essentiel que ces marchés soient passés avec soin et dans les conditions *Avantage de confier le soin des marchés à des hommes ayant l'expérience des affaires commerciales.*

les plus favorables. Les fonctionnaires de l'intendance n'ont pas tous l'aptitude et l'expérience pratique nécessaires pour bien faire ces opérations (1). Ils ne peuvent pas toujours, malgré leur bonne volonté, protéger d'une façon suffisante les intérêts de l'État ; et leur considération n'a rien à gagner dans des transactions qui les exposent parfois à d'odieuses accusations. On est d'avis qu'il conviendrait, autant que possible, de leur enlever les marchés et de les confier à des hommes spéciaux, versés dans la pratique des affaires, à des négociants ou même à des fils de négociants fournis par le contingent annuel, auxquels le ministre délivrerait une commission, et qui opéreraient sous les ordres et sous la surveillance des directeurs des services. On se borne à mentionner ici une idée qui n'a pas semblé devoir trouver sa place dans la loi. On n'a pas voulu, par une disposition formelle, proscrire le concours des fonctionnaires de l'intendance, qu'on pourrait sans doute regretter vivement dans certaines circonstances. Mais, dans les règlements à intervenir et dans le fonctionnement administratif, il serait à désirer qu'on tînt compte du vœu qui vient d'être exprimé.

Généralisation du système des réceptions par des commissions. S'il est important de veiller à ce que les achats soient bien faits, il ne l'est pas moins de constituer les garanties les plus sérieuses pour les réceptions. Les réceptions légèrement faites facilitent les fraudes des fournisseurs et remplissent les magasins de matières et d'effets sans valeur, qui finissent par être mis à la réforme, sans avoir jamais été mis en service. Le système qui consiste à confier à des commissions le soin de procéder aux réceptions, est déjà en usage pour plusieurs services. Il convient de le généraliser (2). On laisse au ministre le droit de régler

(1) « On fait trop pénétrer l'intendance dans les détails des services, et il faut l'en faire sortir. En principe, les fonctionnaires de l'intendance ne devraient pas faire de marchés, et, en tout cas, ils ne devraient en faire qu'exceptionnellement, comme le ministre lui même. Les marchés seraient faits par les agents des services, et, si nous avions des agents qui ne s'occupassent que des subsistances, ils connaîtraient mieux la qualité du blé et des autres denrées que les officiers de l'intendance. Il est certain que ces agents, bien choisis, seraient dans les meilleures conditions; mais ces services sont à constituer. » (Déposition de M. l'intendant général Blondeau devant la commission des marchés.)

(2) « Si je me permettais un conseil, je voudrais qu'on multipliât dans l'armée les commissions, comme dans la marine, où les officiers assistent aux adjudications comme aux réceptions, délibèrent sur un cahier des charges et surveillent sa stricte exécution. Vous auriez ainsi des officiers qui joindraient la pratique aux connaissances théoriques, et ces hommes, à mesure qu'ils s'élèveraient, perfectionneraient leur éducation, développeraient leur intelligence au grand profit de l'armée et du pays. » (*Discours de M. le duc d'Audiffret-Pasquier devant les commissions réunies de la réorganisation de l'armée et des marchés*, pages 37 et 38.)

la composition de ces commissions ; la loi se borne à indiquer, comme devant nécessairement en faire partie, le comptable du service et des officiers des armes ou, autant que possible, des corps de troupes auxquels ces fournitures sont destinées. Il paraît certain que les fournitures seront examinées avec un soin plus minutieux, lorsque cet examen sera fait par les consommateurs eux-mêmes, représentés dans la personne des officiers délégués à la réception. Il est bon d'associer à ces opérations le comptable du service, pour engager et couvrir en même temps sa responsabilité. C'est à lui, en effet, qu'appartiennent la conservation et la manutention des matières. Si elles sont de mauvaise qualité, il ne faut pas qu'il puisse en rejeter la faute sur une commission aux actes de laquelle il serait étranger ; il ne faut pas non plus qu'on puisse compromettre sa gestion, en faisant entrer dans ses magasins, en dehors de lui et sans son concours, des approvisionnements défectueux, qui seraient inscrits à sa charge au même titre que les approvisionnements réglementaires.

Sur chaque effet reçu seraient apposés le timbre particulier de la commission qui aurait fonctionné et la marque des fournisseurs, afin de pouvoir invoquer au besoin les responsabilités engagées dans l'opération.

La règle qui vient d'être posée ne serait pas appliquée de la même manière pour les fournitures destinées à l'artillerie et au génie et pour celles destinées aux services administratifs. Les approvisionnements de l'artillerie et du génie sont d'une nature particulière et ne peuvent être appréciés que par des hommes techniques. On établira donc des commissions spéciales pour procéder à leur réception.

Il conviendra de se conformer aux prescriptions qui viennent d'être indiquées aussi souvent que les circonstances le permettront. En temps de guerre, toutefois, il ne sera pas toujours possible de former des commissions et de soumettre les fournitures à un examen aussi complet et aussi minutieux. Il sera permis alors de déroger à la règle.

En même temps qu'elle exécute, la gestion a le devoir de consigner dans une comptabilité les opérations qu'elle effectue, de décrire dans des écritures méthodiques et de justifier par des pièces l'emploi des sommes qu'elle a dépensées. Ces écritures, cette comptabilité sont soumises à la vérification du contrôleur local, qui est, comme on l'a dit, le directeur du service. Elles forment ensuite un des éléments du contrôle général. *Comptabilité du gestionnaire.*

Le contrôle général, ou contrôle proprement dit, a pour objet, comme la surveillance administrative, mais à un degré supérieur, d'assurer le *Contrôle.*

bon emploi des ressources du budget de la guerre. Il est destiné à surveiller les administrateurs eux-mêmes, à relier et à stimuler l'action des contrôles locaux, à leur donner une impulsion uniforme, à maintenir partout l'unité des règles et à éclairer le ministre sur l'état général de son administration. Ce contrôle s'étend, dans tous les services, à tous les faits entraînant dépense. Il constate la régularité de toutes les opérations, examine et apprécie tous les actes qui peuvent avoir une conséquence budgétaire. Il est exercé par le ministre lui-même, dans les bureaux de son administration centrale, et par un corps d'inspection complétement indépendant, qui ne participe à aucun des actes de la direction et de la gestion et qui ne relève que du ministre. Il suffit de donner ici ces indications générales. Les attributions des inspecteurs et le fonctionnement du contrôle seront développés au titre du personnel.

Telles sont les lignes principales de l'administration de l'armée. Elles se retrouvent dans l'administration des établissements spéciaux, ainsi que dans celle des armées, corps d'armée, divisions et brigades.

TITRE II

Administration des établissements et services spéciaux.

L'article 14 de la loi du 24 juillet 1873 n'a pas énuméré les établissements et services spéciaux qui doivent rester sous la direction immédiate du ministre. Il s'est contenté de dire qu'il s'agissait des établissements destinés à assurer la défense générale du pays ou à pourvoir aux services généraux des armées. M. le général Chareton, dans son rapport, a précisé les termes de la loi, en citant comme exemples : les fonderies de canons, les arsenaux de construction, les fabriques d'armes, les ateliers généraux de fabrication, les hôpitaux généraux, les écoles militaires, les établissements des services administratifs destinés à assurer le service général et les approvisionnements de l'armée, le service des forteresses qui se rattache à la défense générale du territoire national, et, en général, tous les établissements qui ne sont pas affectés d'une manière spéciale et exclusive au service du corps d'armée (1).

Dans une première rédaction du présent projet de loi, on avait, en s'inspirant des idées qui précèdent, cherché à donner l'énumération des établissements, services et dépenses qui ne se rattachent pas exclusivement à l'administration des corps d'armée, et on avait rangé dans cette catégorie :

1° Les établissements de l'artillerie ;

2° Les parcs de construction des équipages militaires ;

3° Les fortifications et les établissements du génie ;

4° Le service du casernement ;

5° Les établissements pénitentiaires ;

Définition des établissements et services spéciaux.

Énumération de ces établissements et services.

(1) Rapport de M. le général Chareton sur la réorganisation de l'armée, page 86.

6° Les magasins généraux : des subsistances, de l'habillement et du campement, des hôpitaux ;

7° Les écoles militaires ;

8° Les hôpitaux sédentaires ;

9° Les services de la remonte générale, des lits militaires, des transports généraux ;

10° Les frais de route, les convois militaires, la solde et les revues des officiers, employés militaires et corps de troupes qui ne font pas partie des corps d'armée, ainsi que l'administration intérieure de ces corps de troupes ;

11° Les dépenses de la justice militaire, du recrutement et de la mobilisation, des grandes manœuvres ;

12° Tous autres services, établissements et dépenses que le ministre jugerait à propos de réserver.

Causes pour lesquelles cette énumération ne figure pas dans la loi. On a renoncé à donner cette énumération dans la loi, non pas qu'on fût en désaccord sur le caractère général des établissements, services et dépenses qui s'y trouvaient désignés, mais parce qu'on n'a pas voulu lier l'administration ni engager l'avenir par une disposition législative. On a pensé que le fonctionnement du nouveau système militaire ne s'établirait pas sans tâtonnements, qu'il serait peut-être nécessaire d'en modifier plusieurs fois les rouages inférieurs, qu'il serait dangereux de fixer irrévocablement dès aujourd'hui des détails, et qu'il fallait, au contraire, laisser au ministre la marge suffisante pour faire les combinaisons qui lui sembleraient utiles, sans porter atteinte aux principes généraux. C'est donc à un règlement qu'il appartiendra de désigner les établissements et services spéciaux. Mais, quelle que soit la classification adoptée pour les facilités du service, elle doit dériver de cette règle : que l'administration des corps d'armée comprend nécessairement mais uniquement les services destinés à suivre les troupes en campagne, ainsi que les magasins et établissements exclusivement affectés à ces corps d'armée. Tout le reste forme le domaine réservé, le domaine plus spécialement ministériel.

Régime spécial pour l'administration de ces établissements. Ces établissements et services spéciaux restent, sous l'autorité du ministre de la guerre, dans les conditions de fonctionnement qui leur sont afférentes. « Leurs chefs, ajoute le rapport du général Chareton, reçoivent directement les ordres du ministre et correspondent avec lui (1). » Le commandant du corps d'armée ne doit pas s'immiscer dans l'admi-

(1) Rapport de M. le général Chareton sur la réorganisation de l'armée, page 87.

nistration de ces établissements, puisqu'il n'en est responsable à aucun degré. Il a toutefois le droit de surveillance spécifié dans le 3° paragraphe de l'article 14 de la loi du 24 juillet 1873.

La direction des établissements et services spéciaux appartient, suivant la nature de chacun d'eux, aux directeurs de l'artillerie, du génie, ou aux fonctionnaires de l'intendance, conformément aux principes posés dans le titre Iᵉʳ. On avait songé à créer, pour l'administration de ces services et établissements, une série distincte de fonctionnaires, afin d'assurer aux directeurs de chaque administration un caractère bien net et une situation bien tranchée, afin d'attribuer au corps d'armée son personnel propre et de ne pas confondre ce personnel, qui est sous les ordres des généraux commandants, avec celui qui ne relève que du ministre. On a dû s'arrêter devant les difficultés que créait l'exécution de cette idée, ainsi que devant l'accumulation de fonctionnaires qui en résulterait et dont l'entretien viendrait surcharger le budget. Tout en conservant, dans le fonctionnement de l'administration des corps d'armée et de celle des établissements spéciaux, la distinction propre à chacune d'elles, on a été d'avis que le personnel de l'une pourrait être employé dans les services de l'autre, qu'il n'y aurait dans chaque région qu'un centre de direction placé auprès du général commandant le corps d'armée, et que ce centre, affecté au corps d'armée, pourrait servir aux établissements et services spéciaux, quand le ministre le jugerait convenable et qu'il ne croirait pas utile de conserver des relations directes avec les chefs de ces établissements. Dans ce cas, sous chaque directeur du service de l'artillerie et du génie, sous chaque intendant de corps d'armée, on établirait une section chargée des établissements et services spéciaux. A cette section ressortiraient toutes les affaires qui ne concernent pas le corps d'armée ; là viendraient aboutir les relations des officiers et fonctionnaires de la région auxquels serait confié le soin de les diriger. Ces officiers et fonctionnaires pourraient être exclusivement attachés à ces services, lorsque l'importance des opérations le demanderait : ils pourraient aussi réunir dans leurs mains les services des corps d'armée, lorsqu'il y aurait avantage à le faire. Les directeurs du service de l'artillerie et du génie du corps d'armée et l'intendant militaire de la région auraient alors un double caractère et seraient à la fois les chefs de l'administration placée sous la direction immédiate du ministre et de celle placée sous les ordres des généraux. Ils seraient assujettis aux devoirs et aux règles tracés par le titre II ou par le titre III de la présente loi, suivant la nature des opérations qu'ils auraient à effectuer.

Organisation du personnel auquel est confiée cette administration.

Pour les affaires des établissements et services spéciaux, les directeurs ne relèvent que du ministre. Ils correspondent directement avec lui et reçoivent directement la délégation des crédits qu'ils peuvent sous-déléguer comme il a été dit ci-dessus. Ils ordonnancent les dépenses et exercent la surveillance administrative au nom et dans l'intérêt du ministre, par eux-mêmes et par leurs sous-délégataires.

Tous leurs actes sont soumis aux vérifications et à l'appréciation du contrôle général.

TITRE III

Administration des armées, corps d'armée, divisions et brigades.

La loi du 24 juillet 1873 est une loi de décentralisation : elle a voulu détacher de l'administration centrale une partie de ses attributions, pour les transporter aux généraux commandant les corps d'armée. Le titre III du projet a pour objet de définir les attributions administratives dont seront investis en temps de paix et en temps de guerre non-seulement les commandants de corps d'armée, mais encore les généraux commandant les armées, les divisions et les brigades. Il a également pour objet de régler les relations de l'administration et du commandement.

Objet du titre III.

« On peut gouverner de loin, mais on n'administre bien que de près, dit M. le général Chareton (1) dans son rapport sur la réorganisation de l'armée ; laissons donc à chacun son rôle dans le fonctionnement de l'armée : au ministre, le commandement et la direction, mais le commandement de haut et la direction générale ; aux commandants de corps d'armée, le soin d'assurer, sous leur responsabilité personnelle, l'exécution des ordres généraux du ministre et l'obligation de lui en rendre compte.

Principes qui doivent déterminer le rôle du ministre et des commandants de corps d'armée dans le fonctionnement général de l'armée.

« Votre commission pense que ce sont là les véritables principes qui doivent régir le commandement, non pas seulement dans les hautes régions, mais à tous les degrés de la hiérarchie militaire, et qu'il importe que l'immixtion trop fréquente du chef dans les attributions du subordonné ne vienne pas, en déplaçant les pouvoirs, déplacer également la responsabilité, et altérer ainsi jusques aux derniers degrés de la hiérarchie militaire le principe d'autorité. »

___
(1) Rapport de M. le général Chareton sur la réorganisation de l'armée, page 86.

4

Plus bas, le même rapport ajoute (1) :

« Jusqu'à ce jour, il faut bien le reconnaître, le commandement s'est beaucoup trop désintéressé de l'administration, qui a fini par devenir une véritable autorité latérale, dominant quelquefois celle du commandement de toute la puissance des besoins matériels de l'homme.

Rôle du commande-
ment dans l'adminis-
tration.
« Cet état de choses tient à ce que la pratique de l'administration en temps de paix ne prépare pas suffisamment nos généraux à l'exercer en temps de guerre.

« Prétendons-nous pour cela exiger des généraux commandant les corps d'armée qu'ils soient capables de faire un directeur du service des subsistances ou des hôpitaux, un comptable de l'habillement ou du campement; non, sans doute ; une trop grande pratique des détails nuit à l'ampleur des conceptions ; elle rétrécit l'esprit et l'empêche de s'élever aux considérations générales et aux vues d'ensemble qui sont indispensables à l'exercice du commandement en chef. Nous venons de vous présenter le commandement comme imprimant l'impulsion et la direction aux services de l'armée, qui restent uniquement chargés de l'exécution sous l'autorité et la responsabilité de leurs chefs respectifs. Ce que demande votre commission, c'est que, l'impulsion et la direction générale devant émaner du commandement, ce commandement soit un et que les responsabilités ne soient pas divisées. »

Le rapporteur de la loi sur l'armée complète sa pensée quelques pages plus loin.

Parlant des rapports de l'intendance avec les officiers généraux, il cite les dispositions suivantes du règlement sur le service en campagne :

« L'ordre de pourvoir et de distribuer constitue avec les opérations militaires la responsabilité des généraux ; les moyens de pourvoir, sauf le cas prévu à l'article 15 (Réquisitions), la justification du payement et de la distribution constituent la responsabilité des intendants.

« En présence de ce texte si formel, ajoute le général Chareton (2), et du principe que l'organisation militaire et la constitution des corps et des divers services administratifs du temps de paix doivent être les mêmes que celles du temps de guerre, votre commission ne pouvait, sans méconnaître les principes fondamentaux qu'elle avait elle-même posés, d'accord avec le Gouvernement, hésiter à revenir aux dispositions de

---

(1) Rapport de M. le général Chareton sur la réorganisation de l'armée, page 89.
(2) *Ibid.*, page 93

l'ordonnance du 17 août 1788 (1) et de celle du **3 mai 1832**, qui lui semblent consacrer les vrais principes en matière d'administration, et sans entrer dans les détails de l'organisation de l'administration qui feront l'objet d'une loi spéciale, elle vous propose de poser comme bases générales de cette organisation :

« 1° L'indépendance absolue du contrôle ;

« 2° La séparation dans les services administratifs de la gestion, de la direction et du contrôle ;

Bases générales de l'organisation de l'administration militaire.

« 3° La subordination de l'administration au commandement en temps de paix comme en temps de guerre ;

« 4° L'autonomie du corps médical sous l'autorité directe du commandement. »

Le rapporteur explique comment il entend la subordination de l'administration au commandement : il ne s'agit pas de la subordination de l'administration à tous les degrés, mais seulement au commandant du corps d'armée.

Comment il faut entendre la subordination de l'administration au commandement.

« Votre commission, dit-il (2), ayant admis que le principe de l'autorité du commandement doit s'exercer également sur tous les services administratifs, fait du commandant du corps d'armée un chef unique agissant sur tous les services administratifs, qui n'en conservent pas moins leur autonomie, puisque leurs chefs ont une responsabilité qui leur est propre, et leur impriment la direction générale. »

Le général Chareton reproduit la même pensée dans un autre passage de son rapport (3) :

« Cette autorité administrative, dont le projet de loi investit le commandant du corps d'armée, s'exercera, comme toute autorité supérieure, par l'intermédiaire d'une hiérarchie autonome, administrative ou médicale, de fonctionnaires militaires, sous la surveillance d'un contrôle indépendant ne relevant que du ministre de la guerre. »

---

(1) Cette ordonnance met les commissaires des guerres dans les provinces sous les ordres des gouverneurs, lieutenants-généraux ou commandants et intendants de la province (art. 22).

Elle dispose également (art. 23) qu'ils recevront aussi les ordres des officiers généraux commandant les divisions et pour tous les objets qui auront rapport au service, à l'administration et à la police des corps, dont lesdites divisions seront composées. Il faut observer toutefois qu'à cette époque on n'avait pas à compter avec les exigences du régime parlementaire. Cette ordonnance de 1788 n'a, du reste, vécu que quelques mois.

(2) **Rapport de M. le général Chareton** sur la réorganisation de l'armée, page 88.

(3) *Ibid.*, page 90.

Ces citations, qu'on aura l'occasion de compléter plus loin, indiquent suffisamment le sentiment qui a prévalu dans la commission de l'armée et qui a inspiré l'article 17 de la loi du 24 juillet 1873 ainsi conçu :

« Outre les états-majors dont il est parlé en l'article précédent, le commandant du corps d'armée a auprès de lui et sous ses ordres les fonctionnaires et les agents chargés d'assurer la direction et la gestion des services administratifs et du service de santé. »

Ainsi il résulte de ce qui précède que la loi sur l'administration de l'armée doit réaliser les conditions suivantes :

1° Décentraliser au profit des régions une partie de l'administration de l'armée, dont tous les détails sont actuellement accumulés auprès du ministre ;

2° Intéresser les généraux à l'administration de leurs corps d'armée et former, pour ainsi dire, une école où ils puissent apprendre en temps de paix les choses qu'ils auront à pratiquer en temps de guerre ;

3° A cet effet, revenir aux dispositions du règlement en campagne et subordonner l'administration au commandant du corps d'armée, en temps de paix comme en temps de guerre ;

4° Éviter de paralyser le général, en le faisant intervenir dans les détails du service, et lui attribuer seulement la surveillance de haut et la direction générale ;

5° Constituer en conséquence, sous ses ordres, l'autonomie des services administratifs et du corps médical, sous la responsabilité des chefs qui les dirigent ;

6° Enfin, protéger par les plus sérieuses garanties la responsabilité du ministre.

C'est dans ce cadre qu'on a cherché a établir le projet de loi.

Pour associer à l'administration les généraux commandant les corps d'armée, on leur attribue l'initiative, le soin de prévoir les besoins de leurs troupes et de les exposer au ministre, le droit de donner aux chefs de service l'ordre de pourvoir et de distribuer, le devoir de surveiller l'état des magasins, le niveau des approvisionnements, la manière dont les troupes sont pourvues. On leur impose à cet effet une responsabilité formelle.

Pour garantir la responsabilité du ministre, on lui réserve la haute direction, le droit de statuer sur les propositions des généraux, d'autoriser les dépenses relatives aux corps d'armée ou, s'il le juge convenable, de pourvoir lui-même à leurs approvisionnements. On détache de l'administration la partie purement financière, et on la remet aux directeurs des services, en leur imposant de ce chef une responsabilité spéciale et directe vis-à-vis du ministre. On établit enfin, au-dessus de tous les actes administratifs, l'action d'un contrôle indépendant.

Dans la préparation du projet de loi, la commission s'est imposé, comme règle, de modifier le moins possible l'administration qui existe aujourd'hui, de tirer parti des éléments qu'elle renferme, sans les désorganiser, et en se bornant à les plier aux principes nouveaux. Elle pense que les réformes trop radicales sont presque toujours dangereuses, qu'on ne peut arriver au bien que par échelons et par des efforts successifs, qu'enfin, en administration comme en politique, le vrai progrès ne résulte pas des révolutions (1). Les institutions qui ont fonctionné jusqu'ici peuvent ne plus être en rapport avec la nouvelle organisation militaire; elles n'en sont pas moins le résultat de l'expérience des siècles et l'œuvre d'hommes éminents. Les archives de la guerre sont pleines de règlements excellents dont on a le tort, sinon d'ignorer, du moins de ne pas appliquer toujours les dispositions. L'ordonnance du 3 mai 1832 sur le règlement en campagne est le plus remarquable code militaire qui ait jamais défini les droits et les devoirs des officiers généraux et des fonctionnaires administratifs en temps de guerre. On a pensé que la meilleure organisation de l'administration consisterait à appliquer aux institutions actuelles les dispositions de l'ordonnance du 3 mai 1832, en tenant compte néanmoins des différences nécessaires qui distinguent le temps de paix du temps de guerre. Le projet de loi s'est donc inspiré du règlement en campagne, dont il a voulu appliquer les principes généraux, sans altérer les règles qui y sont contenues.

Ces explications permettent de saisir l'esprit dans lequel a été conduit le travail d'élaboration.

L'administration des armées, corps d'armée, divisions et brigades a un double objet : pourvoir aux besoins du service courant ; veiller à ce que les approvisionnements des magasins d'armée et de corps d'armée soient au complet, en bon état d'entretien et prêts à être mis en service. *Objet de l'administration des armées, corps d'armée, divisions et brigades.*

Pour subvenir aux besoins du service courant, l'administration du corps d'armée puise à une triple source : les magasins du corps d'armée, les ressources locales et même les établissements du service général. Elle ne *Sources auxquelles s'alimente l'administration du corps d'armée.*

(1) « Ainsi la commission des marchés ne vous propose pas de vous associer à une révolution radicale, qui est inutile. Portons une main virile là où il est besoin qu'on agisse, mais ne troublons pas les traditions quand elles peuvent être conservées, et ménageons les services rendus ! » *(Discours de M. le duc d'Audiffret-Pasquier devant les commissions réunies de la réorganisation de l'armée et des marchés, page 55).*

doit, en principe, s'adresser à ces derniers établissements, qu'à défaut des magasins de corps d'armée et des ressources locales. Il n'y a cependant aucune règle absolue, et l'ordre dans lequel on doit recourir à ces diverses ressources, est réglé surtout par la facilité et la rapidité du service, par le soin d'éviter des frais de transport et par les instructions du ministre. C'est le ministre en effet, placé au centre de l'administration, qui sait le mieux comme il convient de pourvoir les troupes. C'est à lui également qu'il appartient d'indiquer comment doivent être approvisionnés les magasins de corps d'armée. Il y aurait sans aucun doute les plus grands inconvénients à localiser l'administration par région, à laisser à chaque commandant de corps d'armée le soin de faire des approvisionnements comme il l'entendrait. On ne tarderait pas à voir, dans le traitement et dans l'équipement de l'armée française, les différences notables qu'y introduiraient l'humeur particulière et les préoccupations spéciales de chacun des généraux. Il ne faut pas oublier d'ailleurs que la qualité et le prix des produits varient suivant les régions, et que la bonne administration consiste à acheter, dans les pays qui offrent les conditions les plus favorables, les approvisionnements destinés à être consommés dans ceux où les mêmes matières sont chères ou de médiocre qualité. D'un autre côté, les approvisionnements de réserve ont besoin d'être renouvelés. Il faut les employer, avant le terme de leur conservation, et par conséquent les livrer périodiquement pour la consommation et le service des corps. L'administrateur général de l'armée, le ministre, peut seul apprécier ces circonstances, gérer utilement ces intérêts, régler ces combinaisons. Il doit donc assigner à chaque commandant de corps d'armée ce qu'il y aura lieu d'acheter sur place, ce qui lui sera envoyé par les établissements du service général ou par les fournisseurs avec lesquels des marchés généraux auront été passés dans les pays de production.

Installation des magasins de corps d'armée. La loi du 24 juillet 1873 a posé les principes pour l'installation des magasins de corps d'armée. Elle a disposé (art. 4) que chaque subdivision de région posséderait un ou plusieurs magasins munis des armes et munitions ainsi que de tous les effets d'habillement, d'armement, de harnachement, d'équipement et de campement nécessaires. Elle a ajouté (art. 9) que le matériel de toute nature dont les troupes et les divers services du corps d'armée doivent être pourvus en temps de guerre, est constamment organisé et emmagasiné à leur portée. Il a paru utile d'insister encore, dans la loi d'administration, sur cette condition qui est essentielle pour

Pouvoirs administratifs du général commandant. une prompte mobilisation.

Après avoir indiqué l'objet de l'administration du corps d'armée, les moyens de réunir les approvisionnements et les règles pour les emmagasiner, on s'est occupé de définir les pouvoirs administratifs du général.

Ces pouvoirs consistent dans la direction et la surveillance générales.

Dans la direction générale, on distingue deux points principaux :

Prévoir ; donner l'ordre de pourvoir et de distribuer.

On impose au commandant de corps d'armée le soin de prévoir, c'est-à-dire : de se rendre compte des besoins de ses troupes et des établissements qui leur sont affectés. Il doit se renseigner auprès de ses chefs de corps et de ses chefs de service et établir périodiquement l'état de ce qui lui est nécessaire. Il adresse cet état au ministre qui l'examine et, suivant ce qu'il juge convenable, donne l'ordre de fournir les approvisionnements ou d'ouvrir les crédits demandés. C'est avec ces ressources que fonctionne l'administration du corps d'armée. C'est dans la limite de ces crédits que doit être renfermée la dépense. *Direction générale. Prévision des besoins.*

L'ordre de pourvoir et de distribuer accordé au général n'est donc pas absolu : il est limité par les crédits d'une part et par les règlements de l'autre. Cependant, s'il est essentiel, pour le bon ordre des finances, de proportionner la dépense aux ressources du budget et de la renfermer dans les prescriptions réglementaires, il n'est pas moins indispensable de faire vivre les troupes. Il faut fournir au général, qui a la responsabilité de ses hommes, le moyen de parer à leurs nécessités. *Ordre de pourvoir et de distribuer.*

Le décret du 31 mai 1862 sur la comptabilité publique a prévu le cas d'insuffisance des crédits. Il dispose (art. 92) « que les mandats délivrés pour le payement de la solde peuvent être acquittés immédiatement sur une réquisition écrite de l'ordonnateur, et sauf imputation sur le premier crédit. »

L'ordonnance royale du 18 septembre 1822 s'était également préoccupée des dépenses extra-réglementaires. Elle avait prescrit aux fonctionnaires de l'intendance (art. 24) « d'exécuter les ordres d'urgence que, dans les cas extraordinaires et non prévus par les règlements, les officiers généraux commandant les divisions organisées ou territoriales croiraient devoir leur donner sous leur responsabilité. »

Il n'a pas semblé utile de reproduire dans la loi les dispositions de l'article 92 du décret du 31 mai 1862 qui régissent le fonctionnement de la comptabilité publique. Mais il était important d'y introduire celles de l'ordonnance du 18 septembre 1822, et de définir le pouvoir du général ainsi que la responsabilité qui en résultait. On a donc spécifié que le commandant de corps d'armée aurait le droit, en dehors des cas prévus par les ordonnances, décrets et règlements, de prescrire des mesures pou- *Conditions dans lesquelles le général commandant peut ordonner les dépenses extra-réglementaires.*

vant entraîner des dépenses pour l'État ; que ce droit lui serait accordé en temps de paix comme en temps de guerre, mais qu'il serait subordonné à trois conditions : la première, c'est qu'il y aurait urgence ou force majeure ; la seconde, que l'ordre serait donné par écrit ; la troisième, enfin, que le général en rendrait compte immédiatement au ministre et transmettrait une copie de la réquisition à l'inspecteur général chargé du contrôle du corps d'armée, dont il sera parlé ci-après. L'obligation de l'ordre écrit a pour objet d'engager d'une façon spéciale la responsabilité du général et de décharger, dans une égale mesure, celle qui est imposée aux directeurs des services vis-à-vis du ministre pour l'observation des règles financières et le régulier emploi des crédits. Le directeur de l'artillerie, du génie ou l'intendant militaire est tenu, en vertu de l'ordre écrit, de faire la distribution ou d'effectuer la dépense extra-réglementaire. Mais, si cette distribution est abusive, si cette dépense n'est pas justifiée, c'est au général qu'en incombe la faute, c'est lui qui se trouve exposé à tous les recours, même pécuniaires, formés par l'État. Le commandant, qui a ainsi été forcé de prescrire des mesures extra-réglementaires, doit en rendre compte immédiatement au ministre. On l'oblige, en outre, à transmettre copie de l'ordre à l'inspecteur général d'administration chargé du contrôle du corps d'armée. Il importe en effet de mettre cet inspecteur au courant de tout ce qui se passe dans son arrondissement d'inspection, et surtout des actes qui viennent modifier l'ordre normal et le cours régulier de l'administration.

Surveillance générale.

Le général joint à la direction la surveillance générale, c'est-à-dire qu'il doit s'assurer si les approvisionnements des magasins de son corps d'armée sont au complet, et si ses troupes sont pourvues de tout ce qui leur est alloué par les règlements et par les décisions ministérielles. Il doit veiller, à cet égard, à l'observation des lois et des instructions administratives.

Faut-il donner au général commandant le droit d'ordonnancement ?

Le commandant du corps d'armée a la direction. Il a la surveillance. On s'est demandé s'il ne conviendrait pas de lui accorder aussi l'ordonnancement ; dans ce cas, il recevrait du ministre la délégation des crédits et deviendrait seul responsable non-seulement des mesures administratives, mais encore de leur exécution financière.

Opinion de M. le général Chareton à cet égard.

M. le général Chareton a repoussé ce système. « Votre commission, dit-il (1), a pensé qu'il ne serait pas sans inconvénient pour le prestige du commandement qu'il fût chargé d'opérations financières, et qu'il dût

(1) Rapport de M. le général Chareton sur la réorganisation de l'armée, page 94.

descendre à des détails qui peuvent être plus utilement confiés à un fonctionnaire spécial d'un ordre hiérarchique inférieur, et elle vous propose de confier à un intendant ordonnateur le soin d'assurer les services administratifs du corps d'armée par l'ordonnancement des dépenses, selon le mode qui sera ultérieurement établi par la loi d'administration. C'est à l'intendant ordonnateur du corps d'armée que seront délégués, par le ministre, les crédits nécessaires pour faire face aux dépenses spéciales des services actifs ou territoriaux exclusivement attachés au corps d'armée. »

Les raisons invoquées par le général Chareton ne sont pas les seules pour refuser l'ordonnancement au commandant du corps d'armée.

Motifs de refuser le droit d'ordonnancement au général.

L'ordonnancement est une attribution qui exige des qualités spéciales, et notamment la connaissance des règlements et des pratiques de la comptabilité. On ne saurait évidemment imposer au général l'obligation de tourner vers ce but ses études. Il a mieux à faire qu'à se pénétrer de la tenue des écritures et des mille détails des circulaires et instructions financières. Or, c'est précisément l'observation exacte de ces règles et de ces prescriptions de détail qui forme une des garanties de la fortune publique. Le général ne saurait y tenir la main, parce qu'il n'aurait ni l'éducation, ni le temps pour le faire. Il se ferait assister, il est vrai, par des hommes spéciaux auxquels il confierait l'exercice du droit d'ordonnancement. Mais il supporterait alors le poids des fautes qu'ils pourraient commettre, et se trouverait personnellement compromis, vis-à-vis du ministre, pour des détails financiers et des actes qui réellement ne seraient pas les siens et dont cependant il serait responsable. L'application de ce système aboutirait donc à mettre en péril la responsabilité du général et à diminuer les garanties du Trésor.

Le général, en effet, est avant tout un chef militaire, un commandant de troupes. Sa principale sollicitude doit être d'assurer à ses soldats le bien-être, la bonne tenue. Il est, à ce titre, la personnification, le représentant le plus élevé des consommateurs. Or, l'intérêt du consommateur n'est pas le même que celui du budget. Donner l'ordonnancement au général, c'est remettre la clef du magasin entre les mains de celui qui consomme, c'est ouvrir le Trésor à celui qui dépense, c'est livrer le budget à celui qui a souvent intérêt à en dépasser les limites. La responsabilité qu'on lui imposerait ne saurait entièrement écarter le danger, et il est permis de craindre que la préoccupation financière ne tînt pas toujours le premier rang. On a parlé des obstacles que le payeur du Trésor élèverait contre les abus. Ce comptable responsable et justiciable de la Cour des Comptes se refuserait à payer les mandats irrégulièrement délivrés. Mais une dépense peut être ordonnancée sur des crédits réguliers sans être toutefois réglementaire. Le payeur n'a pas toujours les éléments nécessaires pour en reconnaître absolument l'exactitude, notamment en ce qui concerne la solde des troupes, qui est payée d'avance. D'un autre côté, la dépense en deniers n'est pas la seule : elle ne constitue même souvent qu'une conversion de valeurs, la transformation des deniers publics en matières d'approvisionnement. La véritable dépense ne résulte pas alors de la sortie des deniers de la caisse publique, mais de la consommation des approvisionnements. Quelle peut être, dans ce cas, l'action du payeur ?

Nécessité de constituer vis-à-vis du ministre deux responsabilités distinctes : celle du commandant de corps d'armée pour l'initiative des mesures générales, celle des directeurs des services pour la partie financière.

Ces considérations ont paru établir la nécessité de détacher de l'administration confiée au général la partie purement financière, et de constituer vis-à-vis du ministre deux responsabilités distinctes : celle du commandant du corps d'armée pour l'initiative des mesures générales, celle des directeurs des services pour le régulier emploi des crédits et l'observation des règlements de toute nature qui régissent la consommation des matières. On a donc attribué aux directeurs de l'artillerie et du génie et à l'intendant militaire du corps d'armée la délégation directe des crédits et l'ordonnancement des dépenses. C'est à ces officiers et fonctionnaires qu'est remise la garde des règlements financiers ; c'est à eux qu'il appartient de les faire respecter.

Conditions auxquelles les directeurs des services, obligés de déférer aux ordres du général, peuvent dégager leur responsabilité personnelle.

Il ne fallait pas cependant qu'armés de ce droit ils pussent entraver l'administration du général. La pensée de la loi est de conférer au commandant la liberté d'action dont il a besoin. Il a le pouvoir, ainsi qu'il a été dit tout à l'heure, d'aller au-delà des règlements dans les circonstances d'urgence ou de force majeure. Les mesures extraordinaires qu'il prend, dans ces occasions, doivent être exécutées sans délai. Les directeurs des services n'ont qu'un seul devoir à remplir avant d'obéir : présenter leurs observations au général et se faire délivrer l'ordre par écrit. Sous le bénéfice de cette formalité, leur responsabilité est dégagée, et les conséquences de l'acte extra-réglementaire retombent tout entières à la charge du général.

Cependant, comme ils ont reçu du ministre un mandat spécial et direct, en qualité d'ordonnateurs, ils doivent lui rendre compte de toutes les circonstances qui peuvent altérer l'exercice régulier de ce mandat. Ils sont donc tenus de lui transmettre immédiatement les ordres écrits qui leur ont été donnés dans les conditions ci-dessus définies. Cette transmission a lieu par l'intermédiaire de l'inspecteur général d'administration chargé du contrôle du corps d'armée.

Le ministre et le contrôle sont donc ainsi toujours avertis par le général et par l'ordonnateur des opérations qui ont besoin d'une surveillance spéciale. Ce double avis répond à la double responsabilité imposée à chacun d'eux.

La responsabilité attribuée aux directeurs des services leur constitue une situation spéciale. L'article 17 de la loi du 24 juillet 1873 les met sous les ordres du commandant du corps d'armée. Mais la subordination à laquelle ils sont soumis ne peut avoir le même caractère que celle des autres officiers : elle n'entraîne pas l'obéissance passive. Elle admet au contraire le droit d'observation et le devoir de demander, dans certaines circonstances, des ordres écrits. Les officiers et fonctionnaires chargés de la direction sont donc tenus d'obéir au général en toute circonstance : sur son ordre verbal, dans les cas ordinaires ; sur sa réquisition écrite, lorsque les mesures exigées par l'urgence ou la force majeure ne sont pas conformes aux règlements. *Situation spéciale des directeurs des services vis-à-vis du général commandant.*

Pour caractériser la situation spéciale des directeurs des services, plusieurs membres de la commission avaient proposé de rédiger ainsi qu'il suit l'article 22 du projet :

« Les officiers et fonctionnaires chargés de la direction sont placés sous les ordres du général commandant le corps d'armée, *c'est-à-dire* obligés, en temps de paix comme en temps de guerre, de déférer, après observations, aux ordres écrits que le général leur donne, ainsi qu'il est dit à l'article 21. »

La commission a considéré cette rédaction comme restrictive des termes de l'article 17 de la loi du 24 juillet 1873, et n'a pas cru pouvoir l'adopter.

A la question de la subordination, se rattache celle de la correspondance. *Règles pour la correspondance des directeurs des services avec le ministre et l'inspecteur de l'administration de la guerre.*

Les directeurs des services, subordonnés au général, ont-ils le droit de correspondre directement avec le ministre ou avec l'inspecteur de l'administration de la guerre ? Ont-ils le droit, en un mot, d'entretenir la correspondance latérale ?

Il est un point sur lequel on est d'accord, c'est que le général commandant, responsable de l'administration générale de son corps d'armée, ne doit rien ignorer de ce qui s'y passe. Il ne doit rester étranger à aucune des communications qui s'y rattachent, et qui seraient faites en dehors de la région par les fonctionnaires placés sous ses ordres. Les officiers et fonctionnaires chargés de la direction ne peuvent donc échanger à l'extérieur aucune correspondance dont les termes seraient soustraits à la connaissance du général.

Pour consacrer ce principe, deux moyens ont été proposés : le premier, consistant à imposer aux officiers et fonctionnaires chargés de la direction le devoir de communiquer au commandant du corps d'armée toute la correspondance avec le ministre et avec l'inspecteur général de l'administration ; le second , consistant à faire passer toute cette correspondance par l'intermédiaire du général.

La majorité de la commission a été d'avis d'adopter le second moyen comme étant plus conforme au principe de subordination formulé par l'article 17 de la loi du 24 juillet. Elle n'a admis la correspondance latérale que pour un seul cas, celui où le directeur d'un service, ayant reçu un ordre écrit pour exécuter une dépense extra-réglementaire, doit transmettre immédiatement cet ordre à l'inspecteur de l'administration et au ministre. On a pensé qu'il était impossible d'imposer aux officiers et fonctionnaires chargés de la direction, une responsabilité personnelle vis-à-vis du ministre pour le régulier emploi des deniers et des matières, sans leur assurer en même temps le pouvoir de lui communiquer les actes qui dégagent cette responsabilité.

Sauf ce cas, la correspondance latérale est supprimée.

Cependant, il ne faut pas perdre de vue que les directeurs des services sont investis par le ministre lui-même d'un mandat spécial pour la partie financière de l'administration. Il leur appartient donc personnellement de lui rendre compte de l'accomplissement de leur mandat. S'ils correspondent par l'intermédiaire du général, ils n'en doivent pas moins correspondre en leur nom propre, et le général, qui a le droit de voir cette correspondance et d'y ajouter ses observations, ne peut ni l'arrêter, ni la supprimer. Il doit la transmettre immédiatement.

Correspondance des directeurs des services entre eux et avec leurs subordonnés. — Les restrictions qu'on a cru devoir établir à la correspondance avec le ministre et avec l'inspecteur d'administration, ne s'appliquent pas à celle que les directeurs des services entretiennent entre eux et avec leurs subordonnés. Cette correspondance se fait librement, sans passer par le général de corps d'armée ni par les généraux de division et de brigade. Le service aurait éprouvé des difficultés, des retards et des complications sans nombre, si la moindre lettre eût été soumise à chacun des généraux. L'autonomie des services, sous l'autorité du général commandant le corps d'armée, a du reste été admise en principe par la commission de l'armée, ainsi qu'il résulte du rapport de M. le général Chareton. Cette autonomie a été la base sur laquelle reposent également les dispositions du présent projet.

On a constitué, sous les ordres du commandant du corps d'armée, les services de l'artillerie, du génie et de l'intendance, à la tête desquels on a mis des directeurs qui sont responsables, vis-à-vis du commandant, de l'administration de ces services. S'ils ont la responsabilité, ils doivent avoir les moyens de la couvrir. Ils doivent donc pouvoir fonctionner librement et communiquer sans entraves avec leurs subordonnés. Il doit en être de même pour tous ceux qui concourent, sous leurs ordres, à la direction.

La rédaction de l'article 25, où ces dispositions se trouvent consacrées, a donné lieu à un incident qui s'est terminé par la démission de trois membres de la commission. Incident sur la rédaction de l'art. 25.

M. le général Berthaut, d'accord avec MM. les généraux Dumont et Frémont, avait proposé l'amendement suivant :

« Les officiers et fonctionnaires, directeurs des services, n'ont à faire de « rapports qu'au commandant du corps (armée, corps d'armée, division « ou brigade) auquel ils sont attachés.

« Ils correspondent directement, soit avec leur chef immédiat, soit avec « leurs subordonnés, pour tout ce qui concerne l'exécution du service, « l'ordonnancement et la comptabilité.

« Ils communiquent aux officiers généraux près desquels ils sont em- « ployés, les ordres qu'ils reçoivent de leur chef immédiat.

« Les directeurs des services des corps d'armée font parvenir directe- « ment à l'inspecteur de l'administration compétent toutes les pièces « relatives à la comptabilité, à l'ordonnancement et à la justification « des dépenses. »

Cette rédaction, dans la pensée de ses auteurs, semblait mieux répondre aux nécessités du service et être plus conforme à la lettre et à l'esprit des articles 6, 12, 13 et 14 du règlement sur le service en campagne. L'article 25 du projet leur paraissait devoir aboutir nécessairement au maintien de la correspondance latérale.

L'amendement n'ayant pas été accepté, une seconde proposition fut faite par M. le général Berthaut, à l'effet d'ajouter à la rédaction du projet les dispositions de l'article 13 de l'ordonnance du 3 mai 1832.

Cette proposition ne fut pas accueillie. Les trois généraux, craignant alors qu'on ne fît au commandement une situation inacceptable et qu'on ne rétablît, sinon en droit, du moins en fait, la correspondance latérale, ne voulurent pas s'associer à ce qu'ils considéraient comme une atteinte portée aux principes du règlement en campagne, et donnèrent leur démission.

La délégation des crédits étant faite par le ministre à chacun des directeurs, il semblait logique de transmettre directement cette délégation à ceux auxquels elle appartenait. C'est ce qui a été proposé et soutenu dans Transmission de la délégation des crédits aux ordonnateurs.

le sein de la commission. Cependant, afin de rester fidèle à la règle posée pour la correspondance, la majorité a pensé que la délégation dont il s'agit devait être transmise par l'intermédiaire du commandant du corps d'armée. Sauf cette formalité, exigée pour la transmission, il n'y a rien à ajouter ici à ce qui a été dit au titre Ier sur la délégation des crédits, sur la sous-délégation, l'ordonnancement et la surveillance administrative. Cette surveillance est exercée sous l'autorité du général commandant le corps d'armée, mais sous la responsabilité des directeurs de l'artillerie et du génie et des fonctionnaires de l'intendance militaire.

Telles sont les dispositions par lesquelles on a entendu constituer l'administration du corps d'armée et régler les rapports entre le commandement et les administrateurs.

Rôle administratif des généraux commandant les divisions et les brigades. On a pensé qu'il convenait de définir également le rôle administratif des généraux commandant les divisions et les brigades et de régler leurs relations avec les officiers et fonctionnaires chargés de la direction des services.

La tâche attribuée au commandant de corps d'armée est considérable. Il ne peut satisfaire aux obligations multiples qui lui sont imposées, s'il n'est pas secondé par les officiers généraux qui commandent sous ses ordres. Il est utile d'ailleurs d'habituer ces officiers aux soins de l'administration et de les préparer aux devoirs qu'ils pourront être appelés à remplir un jour. On a donc cru devoir leur conférer, dans une certaine mesure, le droit de surveillance ainsi que le droit de donner l'ordre de pourvoir et de distribuer.

Droit de surveillance. Leur droit de surveillance est le même que celui du général commandant le corps d'armée : ils l'exercent, en son nom et comme ses délégués, sur les corps de troupes sous leurs ordres et dans les circonscriptions de mobilisation de ces corps. Ce droit consiste, ainsi qu'il a été dit ci-dessus, à s'assurer que les magasins du corps d'armée renferment le complet des approvisionnements prescrits, que les troupes sont pourvues de tout ce qui leur est alloué par les règlements , et qu'à cet égard toutes les lois et instructions sont observées.

Ordre de pourvoir et de distribuer. L'ordre de pourvoir et de distribuer, sans l'autorisation préalable du commandant de corps d'armée, est accordé aux généraux de division et de brigade dans les cas d'urgence ou de force majeure, et, en temps de guerre, lorsque la division ou la brigade opère isolément. Ils délivrent alors une réquisition écrite, à laquelle doivent déférer les officiers et fonctionnaires chargés de la direction. Cette réquisition engage leur responsabilité, même pécuniairement. Ils en rendent compte immédiatement à leur chef hiérarchique, le général commandant le corps d'armée, qui est tenu lui-même d'en rendre compte, soit au ministre en temps de paix, soit au général en chef de l'armée, en temps de guerre.

De leur côté, les officiers et fonctionnaires chargés de la direction font parvenir au ministre la réquisition, dans les formes indiquées ci-dessus pour les ordres écrits des généraux commandant les corps d'armée.

On a étendu aux chefs de corps et de détachement le droit de donner l'ordre de pourvoir et de distribuer, en cas de force majeure ou quand ils opèrent isolément. La nécessité devient alors la loi, et il faut assurer avant tout au chef le moyen de faire vivre ses hommes.

Attributions administratives accordées exceptionnellement aux chefs de corps et de détachement.

Les directeurs des services ne sont pas subordonnés aux généraux commandant les divisions et les brigades comme ils le sont au général commandant le corps d'armée. Ils ne sont pas toutefois indépendants de leur action.

Situation des directeurs des services vis-à-vis des généraux commandant les divisions et les brigades.

Le commandement doit avoir une autorité suffisante pour assurer l'existence et sauvegarder les intérêts des troupes placées sous ses ordres et pour faire concourir les efforts de tous, combattants et administrateurs, au succès des opérations militaires. C'est en vertu de ce principe, qui n'a jamais été contesté, que les officiers et fonctionnaires, chargés de la direction, doivent se conformer aux prescriptions des généraux pour l'exécution du service réglementaire, et déférer à leurs ordres écrits, lorsque les circonstances obligent à s'écarter du règlement. Ils conservent donc, à l'égard des généraux commandant les divisions et les brigades, la situation qu'ils avaient avant la loi de 1873, vis-à-vis de tous les représentants du commandement. La décentralisation de l'autorité du ministre sur les administrateurs s'est arrêtée au commandant du corps d'armée et n'est pas allée plus loin.

De cette situation même résulte, pour les directeurs des services, la liberté de la correspondance dans l'intérieur du corps d'armée. Il convient d'ajouter toutefois que cette liberté n'a pas pour objet d'exclure le général de la connaissance des affaires concernant les troupes qu'il commande. C'est le concert des mesures administratives et militaires qui peut seul assurer le bon fonctionnement du service en temps de paix et le succès en temps de guerre. Le général doit donc être tenu au courant des opérations de l'administration : les directeurs doivent lui faire des rapports sur la situation des magasins et du personnel, sur l'état des approvisionnements et l'exécution des services. Ils doivent lui rendre compte des ordres qu'ils reçoivent de leurs chefs hiérarchiques.

Après avoir défini les pouvoirs administratifs des généraux comman-

Pouvoirs administratifs des commandants de place en temps de siège.

dant les divisions et les brigades, on a réglé ceux des commandants de place en temps de siége. Ces pouvoirs se trouvent indiqués dans l'article 214 de l'ordonnance du 3 mai 1832 sur le service des armées en campagne, qui est ainsi conçu :

« En cas de siége, l'autorité du commandant supérieur ou du commandant ordinaire est absolue; elle s'étend jusque 'sur l'administration intérieure des corps, sur les travaux et sur les divers services. En conséquence, les commandants des troupes, ceux de l'artillerie et du génie, et les intendants militaires sont tenus de prendre toutes les mesures d'administration intérieure, d'exécuter tous les travaux, de faire en un mot toutes les dispositions de service que le commandant juge, dans l'intérêt de la défense, à propos de leur prescrire. »

Ce sont ces dispositions qu'on a eu pour objet de reproduire, sous une forme résumée, dans l'article 33 du projet.

Administration des armées. Lorsque les corps d'armée sont réunis en armée, quelle est l'organisation de l'administration de cette armée? Que deviennent les pouvoirs des commandants de corps d'armée? Quels sont ceux du général en chef? Quelles sont les relations des directeurs des services de l'armée avec les directeurs des services des corps d'armée et de ceux-ci avec les généraux qui commandent ces corps? Ce sont autant de questions qu'il importait de résoudre.

L'unité de l'autorité est une des conditions essentielles du succès des opérations militaires. Il est indispensable de concentrer, entre les mains du général en chef, tous les pouvoirs nécessaires pour assurer promptement et dans leur ensemble l'exécution de ses projets. Tout, pour le commandement comme pour l'administration, doit dériver de sa volonté. Devant lui doivent s'effacer et se fondre les attributions individuelles et les pouvoirs distincts qui peuvent apporter un embarras quelconque dans le fonctionnement général. Les commandants de corps d'armée ne peuvent donc plus conserver ni la même situation, ni le même caractère qu'en temps de paix, lorsqu'ils sont les seuls chefs responsables envers le ministre de la direction de leur corps d'armée. Du premier rang, ils passent au second, et n'occupent plus, en face du général en chef, que la place qui est assignée dans le corps d'armée, en temps ordinaire, aux généraux commandant les divisions et les brigades. Ils n'agissent plus que comme les délégués du commandant, dans la conduite des troupes aussi bien que dans la direction des opérations administratives.

Pouvoirs administratifs du général en chef. Le général en chef, investi par le chef de l'État de pouvoirs politiques, reçoit du ministre la délégation la plus étendue de tous les pouvoirs administratifs qui lui sont utiles, suivant le temps et les circonstances. C'est à lui qu'il appartient de prévoir les besoins de son armée et de les exposer au ministre, de donner l'ordre de pourvoir et de distribuer, d'exercer la surveillance générale sur ses magasins et sur l'approvisionnement de ses troupes, d'ordonner toutes les dépenses exigées par les événements.

Les directeurs des services doivent déférer à ses ordres, dans les mêmes conditions et sous les mêmes garanties que celles qui ont été établies plus haut pour le corps d'armée, c'est-à-dire, en demandant un ordre écrit, lorsque les dépenses ne sont pas prévues par les règlements, et en transmettant cet ordre au ministre.

Le général en chef est donc l'administrateur de l'armée. Il a auprès de lui son intendant, qui est, pour ainsi dire, son ministre des finances et qui doit subvenir aux besoins, au moyen des crédits que le ministre de la guerre lui délègue pour tous les services. Les commandants de corps d'armée demandent au général en chef les ressources qui leur sont nécessaires; celui-ci, après avoir apprécié leurs besoins, donne à l'intendant d'armée les ordres en vertu desquels ce fonctionnaire sous-délègue aux directeurs de l'artillerie et du génie et aux intendants des corps d'armée les portions de crédits alloués. Rôle de l'intendant d'armée.

L'autonomie des services, constituée sous les ordres du commandant de corps d'armée, remonte d'un degré et fonctionne sous l'autorité du général en chef. Il en résulte que les directeurs des services de l'armée deviennent les chefs directs des officiers et fonctionnaires et de tout le personnel employé dans ces services.

TITRE IV

Administration intérieure des corps de troupes, des établissements considérés comme tels, des hôpitaux, ambulances et infirmeries militaires.

Le titre IV est réservé à l'administration intérieure des corps de troupes, des établissements considérés comme tels et des établissements du service hospitalier.

Les règles qui régissent cette administration diffèrent, en ce qui concerne la direction, des principes généraux exposés dans le titre Ier. Il fallait donc lui ménager dans la loi une place spéciale.

Le titre IV est partagé lui-même en deux chapitres relatifs : le premier aux corps de troupes et établissements considérés comme tels, le second aux établissements du service hospitalier.

CHAPITRE Ier

ADMINISTRATION INTÉRIEURE DES CORPS DE TROUPES ET DES ÉTABLISSEMENTS CONSIDÉRÉS COMME TELS

L'administration intérieure des corps de troupes forme une partie importante de l'administration de l'armée. Elle devait être traitée à part.

Sans entrer dans les détails qui sont du ressort des règlements, il a paru bon d'indiquer les principes généraux qui servent de base à cette administration.

Et d'abord on a dû se demander s'il convenait d'apporter des modifications profondes à l'organisation actuelle, telle qu'elle résulte de l'ordonnance royale du 10 mai 1844.

Examen de l'administration intérieure des corps de troupes.

Une proposition présentée à la commission avait eu pour objet de faire
adopter un système analogue à celui qui est en usage dans les troupes
prussiennes, et de prendre pour base l'administration par bataillon. Dans
ce système, la gestion est distincte pour les deniers et pour les matières.
La gestion des deniers s'effectue par bataillon dans l'infanterie; par régiment dans la cavalerie et dans l'artillerie. Cette gestion est confiée à une
commission de caisse composée de trois membres. L'une de ces commissions est chargée, en outre, de la gestion des fonds généraux du corps.

La gestion des matières est confiée, pour l'ensemble du corps, à une
commission qui prend le nom de commission d'habillement. En cas de
séparation, à l'intérieur, la commission de caisse de chaque portion déta-
chée administre en même temps les matières, sous la direction toutefois
de la commission d'habillement.

Les membres de la commission de caisse et de la commission d'habillement sont pécuniairement responsables.

L'administration fonctionne sous la direction du chef de corps, mais le
plus souvent sans la participation directe qui lui est attribuée en France.

Ce système devait avoir pour avantage de supprimer le major, le capitaine trésorier et le capitaine d'habillement, de former les chefs de bataillon à l'administration et de constituer ainsi dans le régiment des unités
tout organisées, en état de fonctionner sans retard et sans embarras,
lorsque les circonstances viendraient à les séparer.

On faisait observer que l'inconvénient de l'organisation actuelle était
d'avoir une administration régimentaire aussi fortement constituée en
temps de paix qu'elle l'était peu en temps de guerre. Pendant la paix, en
effet, toute cette administration repose sur le major, le capitaine trésorier
et le capitaine d'habillement, qui ont l'usage des affaires, la connaissance
des règlements, l'expérience de la comptabilité. Ces trois officiers restent
toujours avec le dépôt. Il en résulte que, au moment où la guerre éclate,
les trois bataillons actifs qui se séparent du dépôt, se trouvent privés du
concours des hommes dont l'expérience leur serait alors le plus utile. On
constitue un conseil éventuel, on remplace le capitaine trésorier par un
officier peu habitué aux nouvelles fonctions qui lui incombent, et les
affaires du régiment retombent de tout leur poids sur le service de l'intendance.

On s'est demandé si l'organisation par bataillon pourrait remédier à cet
état de choses. Le colonel, dans ce système, n'en serait pas moins le chef
du régiment. L'administration se ferait sous ses ordres immédiats; mais
il ne participerait pas à l'exécution. C'est à la commission de bataillon que

la gestion appartiendrait ; c'est au chef de bataillon, assisté d'un capitaine et d'un payeur, que seraient dévolues les fonctions attribuées au conseil d'administration. Le chef de bataillon serait en même temps commandant et major. De cette façon, l'administration du bataillon serait constituée d'une façon permanente, et on ne serait plus obligé, au moment de la guerre, de recourir à ces organisations improvisées qui ne sont pas meilleures pour l'administration des corps de troupes que pour la constitution des corps d'armée.

On a fait à ce système de graves objections. On lui a reproché de compliquer les rouages de l'administration et de multiplier les écritures, de porter atteinte à la cohésion du régiment et à l'autorité du colonel. On a contesté en même temps les avantages qu'il pourrait apporter. Objections faites à
ce système.

L'organisation actuelle ne laisse pas au dépourvu les bataillons actifs. Elle prévoit au contraire la séparation de ces bataillons et du dépôt non-seulement en temps de guerre, mais encore en temps de paix, et constitue des conseils éventuels pour les administrer. En campagne, les bataillons ne sont pas privés d'hommes expérimentés, puisqu'ils emmènent avec eux l'adjoint au trésorier et l'officier d'habillement, qui représentent le trésorier et le capitaine d'habillement. Le chef de bataillon lui-même n'est pas étranger aux affaires administratives, puisqu'aux termes des règlements il a dû surveiller la comptabilité de ses compagnies et a rempli, en l'absence du major, les fonctions d'agent du conseil d'administration.

D'un autre côté, à moins de détruire l'administration régimentaire, il faut au régiment une centralisation pour les deniers, pour la comptabilité, pour l'établissement des revues. La comptabilité se règle par compagnie, et cette organisation offre les plus grands avantages : il serait fâcheux d'y porter atteinte. Tous les éléments fournis par les compagnies sont réunis pour le régiment. Si l'on conserve l'administration par compagnie et par régiment, et qu'on introduise en outre l'administration par bataillon, il faudra opérer une première centralisation au bataillon et une seconde au régiment. On ne supprimera pas le major, ni le conseil central, puisque ces deux rouages sont indispensables à la centralisation qui se fait au corps : mais on créera de plus trois majors, trois trésoriers, trois comptabilités nouvelles.

Si l'on croit avantageux de détruire l'administration par régiment, on aura encore trois majors et trois trésoriers au lieu d'un, trois comptabilités au lieu d'une. Le chef de bataillon serait alors débordé par des occupations multiples et ne pourrait s'acquitter de sa tâche qu'à la condition d'être secondé par un personnel administratif qu'il faudrait établir. Au point de Complication de la
comptabilité et aug-
mentation du per-
sonnel.

vue des dépenses, la création de ce personnel annulerait les économies qu'il serait permis d'espérer de la suppression du major. De plus, la centralisation par bataillon aurait l'inconvénient d'embarrasser les corps actifs de détails trop considérables. Il n'est pas possible de faire beaucoup d'écritures en campagne. Aujourd'hui le capitaine major, dans les bataillons de guerre, se borne à transmettre au major la situation des commandants de compagnies et les différentes pièces qui lui sont remises ; et c'est le major qui, à l'aide de ces documents, dresse la comptabilité du corps. Mais ces écritures ne peuvent bien se faire qu'au dépôt, dans le calme, à loisir : les soins qu'elles exigent ne sauraient s'accommoder avec l'agitation et les mouvements incessants résultant des opérations militaires.

Atteinte portée à l'unité du régiment. Enfin, si l'on détruit la centralisation de l'administration au régiment, on ébranle l'unité du régiment lui-même, dont les diverses parties ne seront plus rattachées par le lien étroit qui les unit aujourd'hui.

Le régiment n'a de raison d'être que comme division administrative: si l'on remplace la centralisation régimentaire par celle du bataillon, le bataillon devient l'unité administrative, et le régiment cesse de l'être. En supprimant le major, le trésorier et le capitaine d'habillement, on supprime en même temps ou du moins on désorganise entièrement le dépôt.

Il faut cependant un dépôt. C'est l'âme du régiment, c'est là où se prépare tout ce qui doit lui donner la vie. Avec l'organisation par bataillon, le dépôt n'existe pas en temps de paix. Il faudrait le créer au moment de la guerre, et cette improvisation serait plus funeste que celle qui peut être reprochée aujourd'hui à la composition des conseils éventuels.

Affaiblissement de l'autorité du colonel. On ne peut se dissimuler que la décentralisation administrative dans le régiment aurait encore pour résultat d'affaiblir l'autorité du colonel. Celui-ci, en effet, ne pourrait plus avoir la même action sur des chefs de bataillon qui ne seraient plus simplement ses délégués, mais des chefs de corps investis d'une autorité propre, chargés d'une responsabilité pécuniaire, et pourvus d'une indépendance peu favorable à l'unité de la direction.

Système prussien. — Sa raison d'être. En Prusse, il est vrai, l'administration est organisée par bataillon, et ce système fonctionne bien. Mais il ne faut pas perdre de vue que la constitution politique et militaire de la Prusse n'est pas celle de la France, et que le régime du recrutement n'est pas le même dans les deux pays.

L'organisation allemande est essentiellement locale et ne comporte pas le système de nos dépôts. Elle repose sur la combinaison administrative de la landwehr avec les troupes de ligne. On forme un régiment de landwehr pour deux régiments d'infanterie de ligne, et on accole, pour ainsi dire, ces trois régiments, de manière à en faire un tout adhérent. Le régiment de landwehr comprend deux bataillons. Chaque bataillon a sa circonscription de mobilisation, et à la tête de cette circonscription se trouve le chef de bataillon, qui est chargé de toutes les opérations d'administration et de mobilisation, non-seulement pour son bataillon, mais pour la partie des régiments de ligne qui correspond à cette circonscription. Le commandant du bataillon de landwehr représente ainsi notre commandant de recrutement, dont il remplit toutes les fonctions. Au moment de la mobilisation, cet officier reçoit les réservistes de l'infanterie de ligne, les équipe, leur remet l'argent dont ils ont besoin. Il en fait de même pour la landwehr. Il lui faut donc un conseil d'administration, une commission d'habillement, des magasins et une caisse, puisqu'il est obligé, pendant la paix, de préparer, d'emmagasiner et d'entretenir tout ce qui est destiné aux besoins des réservistes.

Ce fonctionnement explique pourquoi l'organisation administrative par bataillon a dû être nécessairement adoptée pour la landwehr. L'organisation par bataillon étant adoptée pour la landwehr, il est évident qu'elle devait l'être aussi pour l'infanterie de ligne. Car on ne pouvait avoir des régiments organisés de deux façons différentes, sous peine d'un défaut d'unité qui eût produit les plus sérieux inconvénients pour l'administration générale et pour l'instruction des officiers.

L'administration par bataillon est donc excellente en Prusse, non pas parce qu'elle est meilleure en elle-même que l'administration par régiment, mais parce qu'elle s'adapte parfaitement au système de recrutement et qu'elle donne, dans ce système, de grandes facilités pour une prompte mobilisation.

Elle ne saurait être appliquée utilement en France, à moins de faire passer dans nos institutions militaires le mode de recrutement et de mobilisation de l'armée allemande. Tant qu'on n'aura pas changé les bases elles-mêmes de notre organisation, elle ne serait qu'une cause d'affaiblissement et un danger. *Ce système ne peut être actuellement appliqué en France.*

Telles sont les considérations qui ont déterminé la commission à écarter l'idée de modifier dans le sens prussien l'administration intérieure des corps de troupes.

Mais fallait-il maintenir ce qui existe, sans y rien changer ? N'y avait-il pas lieu d'étendre les attributions administratives du colonel et de le préparer à remplir les devoirs nouveaux que la présente loi impose aux officiers généraux ? N'y avait-il pas lieu de le soustraire, dans une certaine mesure, à la tutelle étroite à laquelle il est soumis vis-à-vis de l'intendance, d'augmenter sa liberté d'action et de lui donner une res- *Réformes à introduire dans l'organisation actuelle.*

ponsabilité (1)? Ne convenait-il pas d'appliquer, dans l'administration intérieure des corps de troupes, le principe de la séparation des attributions de direction, de gestion et de contrôle, principe sur lequel repose toute l'économie de la loi nouvelle? La commission a dû se poser toutes ces questions, et elle les a résolues affirmativement.

Double caractère du conseil d'administration, à la fois directeur et gestionnaire. Dans l'organisation actuelle du régiment, le conseil d'administration a un double caractère. Il est à la fois directeur et gestionnaire : directeur, vis-à-vis de ses propres agents, le trésorier et le capitaine d'habillement, ainsi que des commandants de compagnies ; gestionnaire, vis-à-vis du sous-intendant militaire. Ses fonctions de direction consistent à désigner les officiers qui doivent suppléer les comptables ou en remplir les fonctions près des portions détachées, à approuver les marchés passés par la commission d'achat d'effets de petit équipement, à prescrire au trésorier l'acquittement de certaines dépenses, à autoriser les sorties du magasin d'habillement, à vérifier et arrêter les registres de comptabilité, à prendre enfin toutes les mesures nécessaires pour la bonne exécution des règlements et instructions.

Comme gestionnaire, le conseil d'administration prend charge du montant des ordonnances et mandats touchés par le trésorier et versés par celui-ci dans la caisse du conseil, remet au trésorier les fonds nécessaires pour les payements exigibles, procède à la réception des matières, effets et armes, passe des marchés qui ne sont valables que par l'approbation de l'intendant.

Il est responsable de la légalité des payements, consommations ou distributions qu'il ordonne ou autorise, ainsi que de l'existence des fonds, matières et effets dont il constate la situation dans l'arrêté des registres tenus par les officiers comptables.

En résumé, le caractère de gestionnaire est le caractère dominant du conseil d'administration, et les attributions de direction qu'il possède se

---

(1) « Eh bien! pour le régiment, nous voudrions voir cesser cette tutelle abusive, qui abaisse les caractères, parce qu'elle ne leur laisse pas la moindre liberté d'action. la moindre responsabilité ; nous voudrions que le régiment pût disposer des fonds d'abonnement à sa volonté, sauf, bien entendu, à justifier régulièrement les dépenses entre les mains de l'ordonnateur ; nous voudrions que les colonels pussent se mouvoir dans les limites qui leur seraient fixées par le budget. Si vous leur laissez cette initiative, ils feront des économies, et vous verrez que votre confiance sera une bonne graine semée dans un bon terrain. Fiez-vous à l'armée et à ses chefs, messieurs ; faites disparaître cette tutelle, ce contrôle préventif ; c'est la négation de la responsabilité et de l'action. » *(Discours de M. le duc d'Audiffret-Pasquier devant les commissions réunies de la réorganisation de l'armée et des marchés, page 61.)*

rattachent à la gestion, qu'elles semblent avoir pour principal objet de faciliter et de garantir.

Le colonel est le président du conseil et, à ce titre, il a le privilége d'ouvrir les lettres et dépêches, de remettre au major celles qui sont relatives à l'administration, de faire verser immédiatement dans la caisse du conseil le montant des ordonnances ou mandats touchés par le trésorier, enfin de viser les états de services et autres extraits des registres, après toutefois qu'ils ont été certifiés par le trésorier et l'officier d'habillement et vérifiés par le major. Mais ce sont là ses seules prérogatives ; il est gestionnaire comme les autres membres du conseil, et responsable pécuniairement comme eux de tout acte irrégulier ou de tout payement indûment fait.

Situation du colonel dans le conseil d'administration.

Au-dessus du conseil d'administration, se tient le sous-intendant qui, armé du contrôle local et préventif, a le droit d'intervenir dans les moindres affaires du régiment, d'approuver tous les marchés, d'arrêter, par le refus de son autorisation, jusqu'aux dépenses les plus insignifiantes. C'est donc le sous-intendant qui, sous forme de contrôle, possède une grande partie de la direction administrative.

Rôle du sous-intendant.

On a voulu modifier cette situation et donner au corps une action plus étendue sur les opérations qui le concernent : on a voulu lui attribuer le soin de régler seul tous les actes qui sont du domaine exclusif de l'administration intérieure.

Extension des attributions administratives du corps.

L'administration des corps de troupes embrasse quatre services : la solde, les subsistances, l'habillement et l'équipement, le petit équipement. Ces quatre services ne sont pas particuliers à l'administration intérieure des corps de troupes, mais se reproduisent dans l'administration générale de l'armée, sauf celui du petit équipement qui rentre dans la solde. Ils sont placés sous la direction des fonctionnaires de l'intendance. Il s'agit de fixer la ligne de démarcation au-delà de laquelle ils cessent d'appartenir à l'administration générale, pour tomber dans l'administration intérieure des corps de troupes, et où, par conséquent, ils seront soustraits à l'action immédiate de l'intendance pour appartenir à la direction du corps lui-même.

Cette ligne de démarcation peut être assez bien déterminée par l'opération de l'ordonnancement. Tout ce qui précède l'ordonnancement, tout ce qui est nécessaire pour en assurer la régularité et l'exactitude, est du domaine de la direction de l'intendance ; tout ce qui suit cet ordonnancement devient l'affaire du corps.

Ligne de démarcation entre l'administration générale et l'administration intérieure des corps.

Ainsi, le sous-intendant doit nécessairement exercer le contrôle pré-

7

ventif, comme directeur du service, en ce qui concerne les allocations en argent ou en nature qui sont dues au corps, suivant les diverses positions de présence ou d'absence de chaque homme. Il doit constater l'effectif, vérifier l'exactitude des situations, l'application du tarif, les retenues à déduire, tous les éléments, en un mot, qui établissent les droits du corps vis-à-vis de l'État. Mais, quand les sommes calculées et arrêtées par lui sont sorties, en vertu de son ordre, de la caisse publique pour entrer dans celle du régiment, quand les matières, denrées et effets ont été versés dans les magasins du corps, c'est à l'administration du régiment d'en régler l'emploi et d'en faire la répartition suivant la loi et les instructions et sous sa propre responsabilité. Le sous-intendant n'en conserve pas moins son droit de contrôle; mais ce contrôle alors ne participe pas à la direction des actes, et suit les faits au lieu de les précéder. Ainsi, pour la solde proprement dite, pour les dépenses intérieures qui se payent sur les fonds de masse, ce n'est pas au sous-intendant à fixer la somme qui doit être versée à chaque compagnie et à chaque homme; ce n'est pas à lui à intervenir dans les opérations au moyen desquelles le corps fournit à chaque soldat les effets de petit équipement dont il doit être pourvu ; ce n'est pas à lui à autoriser ni à interdire les dépenses imputables sur les deux portions de la masse générale d'entretien. C'est à titre de contrôleur seulement qu'il doit agir sur l'achat des effets de petit équipement et sur les réparations de l'habillement. Mais il reprend toute son autorité de directeur pour les confections faites dans les ateliers régimentaires, parce qu'il s'agit alors d'une dépense qui se rattache au service général, qui ne se paye pas sur un fonds d'abonnement, sur le fonds du corps, mais sur le crédit général de l'habillement.

Limites dans lesquelles pourra se mouvoir l'administration des corps. Il est important d'établir ces principes, afin de parvenir à fixer les limites dans lesquelles pourra se mouvoir l'administration des corps. Il est juste de dire que l'administration de la guerre en avait déjà reconnu la légitimité et que, depuis deux ans déjà, elle avait commencé à en faire l'application. Par une décision du 15 mars 1872, elle a affranchi les conseils d'administration de l'obligation où ils avaient été jusqu'alors de demander l'autorisation préalable des fonctionnaires de l'intendance, avant d'effectuer les dépenses payables sur la masse générale d'entretien. Toutefois, cette décision, émanée de la direction générale du contrôle et de la comptabilité, a été contredite en partie par une instruction du 6 mars 1873 sur les écoles régimentaires, émanée de la direction générale du personnel. Il est donc essentiel de fixer ces hésitations et d'assurer à l'administration régimentaire la part d'action à laquelle elle a droit. C'est le but qu'on s'est proposé d'atteindre dans la rédaction du titre IV. On a eu pour objet de faire passer entre les mains du chef de corps les attributions de direction, qui ont appartenu jusqu'ici aux fonctionnaires de l'intendance dans l'administration intérieure des corps de troupes.

Cette première modification en entraînait nécessairement une seconde. Le chef de corps, en sa qualité de membre du conseil d'administration, est gestionnaire. Il ne pourrait devenir directeur qu'à la condition de n'être plus gestionnaire. On a donc été conduit à l'enlever du conseil d'administration chargé de la gestion, à le soustraire aux préoccupations et à la responsabilité des détails de l'exécution administrative, et on l'a placé dans une sphère supérieure, où il lui est permis de voir de plus haut et d'ensemble les affaires de son régiment. On lui a donné la direction et la surveillance de l'administration intérieure et on lui a fait, dans son corps, une situation analogue à la fois à celle du général commandant dans le corps d'armée et à celle du fonctionnaire de l'intendance dans son service. Comme le général, il peut donner l'ordre de pourvoir et de distribuer, suivant les besoins et les ressources, s'assurer que les magasins renferment le complet des approvisionnements prescrits, que les hommes sont pourvus de tout ce qui leur est alloué par les règlements, que les instructions administratives sont observées. Comme le fonctionnaire de l'intendance, il a le droit, sous sa responsabilité, d'autoriser certaines dépenses et d'approuver certains marchés. Il aura même un véritable droit d'ordonnancement, si l'on exige son autorisation pour la sortie des fonds de la caisse du conseil. Il ne faut pas perdre de vue toutefois que ces diverses attributions de direction ne s'exerceront que dans le cadre restreint de l'administration intérieure. L'ordre de pourvoir et de distribuer sera renfermé, non-seulement dans les limites des règlements, mais encore dans celles des allocations ou avances mises à la disposition du corps par le service général et ordonnancées par le fonctionnaire de l'intendance. Les magasins qu'il surveillera seront exclusivement les magasins du corps; les fonctionnaires sur lesquels s'étendra son action, seront ceux du régiment, le conseil d'administration ainsi que les agents qui le représentent ou fonctionnent sous ses ordres.

En retirant au chef de corps la présidence du conseil d'administration, la commission n'a pas voulu l'exclure de ce conseil. Elle croit, au contraire, qu'il doit continuer d'y assister. Ce n'est qu'en suivant ses séances qu'il pourra se tenir au courant des affaires, s'instruire des besoins, con-

Direction de l'administration intérieure donnée aux chefs de corps.—Conséquence de cette nouvelle attribution, en ce qui concerne la situation des chefs de corps dans le conseil d'administration.

naître ce qui se passe. Seulement il ne doit prendre part à aucune des délibérations qui concernent la gestion et qui engagent, à ce titre, la responsabilité des membres du conseil.

On a attribué la présidence du conseil d'administration à l'officier le plus élevé en grade après le chef de corps. Le plus souvent cet officier sera le lieutenant-colonel. En lui donnant ce rôle nouveau, la commission croit réaliser une mesure utile. Il lui semble avantageux d'associer d'une manière effective cet officier aux affaires du régiment et de lui attribuer dans l'administration une part plus étendue et plus active.

Administration intérieure des compagnies ou sections formant corps. La réforme introduite dans l'administration intérieure des corps de troupes ne concerne que les corps qui ont un conseil d'administration. Pour les compagnies et sections formant corps, elles continueront à être administrées par leur chef, conformément aux règles actuellement en vigueur. Ce chef et le fonctionnaire de l'intendance conserveront donc leurs attributions réciproques : le premier la gestion, le second cette partie de la direction désignée sous le nom de contrôle préventif.

Caractère nouveau du contrôle de l'intendance. Ce n'est que dans ces corps et à raison de la difficulté d'y constituer une gestion distincte de la direction, que sera conservé le contrôle préventif de l'intendance ; dans tous les autres, le contrôle ne s'exercera que sur les faits accomplis. C'est pour marquer ce nouveau caractère du contrôle que l'article 30 a évité d'employer le mot de surveillance administrative, qui est la conséquence de la direction et qui implique le contrôle préventif. La surveillance administrative appartenant au chef de corps, qui est directeur, le fonctionnaire de l'intendance ne doit plus posséder qu'un contrôle *à posteriori*; il se trouve, vis-à-vis de l'administration intérieure des corps de troupes, dans la même situation que l'inspecteur de la guerre, vis-à-vis de l'administration des corps d'armée ou des établissements spéciaux. Le contrôle qu'il exerce n'est ni la surveillance administrative ni le contrôle général, mais participe à la fois de l'une et de l'autre ; il a, de la première, le caractère permanent et local; du second, la situation spéciale qui ne lui permet d'intervenir dans aucune des opérations de la direction ni de la gestion. On a voulu indiquer ce double caractère, en donnant à ce genre de contrôle le nom de contrôle local. Il est exercé, pour le corps d'armée, sous l'autorité du général commandant, parce que ce général seul est responsable envers le ministre de l'administration des troupes qui sont sous ses ordres. Il est exercé, sous l'autorité du ministre, pour les troupes qui ne font pas partie des corps d'armée.

Contrôle général de l'administration intérieure des corps de troupes. L'administration des corps de troupes est soumise, en outre, comme tous les autres services, au contrôle supérieur et général qui s'exerce au nom du ministre.

Les règles qui précèdent sont applicables à l'administration des établissements considérés comme corps de troupes, et notamment aux établissements pénitentiaires et aux dépôts de remonte. Ces établissements se trouvent placés dans l'une ou l'autre des situations indiquées ci-dessus, suivant qu'ils peuvent être pourvus ou non d'un conseil d'administration exclusivement gestionnaire.

Administration des établissements considérés comme corps de troupes, des établissements pénitentiaires et des dépôts de remonte. .

CHAPITRE II

ADMINISTRATION INTÉRIEURE DES HOPITAUX, AMBULANCES ET INFIRMERIES MILITAIRES

Le chapitre II du titre IV n'a pas pour objet l'organisation du service de santé. Il se borne à formuler les principes généraux qui doivent régir l'administration des hôpitaux, ambulances et infirmeries militaires.

La question de la direction des établissements du service de santé a donné lieu à de vives controverses. Les opinions les plus diverses ont été exprimées et soutenues. Les uns ont prétendu que cette direction appartenait nécessairement aux médecins, les autres qu'elle était mieux placée entre les mains du commandement, d'autres enfin qu'elle devait rester confiée à l'intendance. La direction, dont l'attribution a été contestée, n'est pas la direction technique, la direction purement médicale, que personne ne songe à disputer aux médecins, mais la direction administrative dans les hôpitaux et les ambulances militaires. Dans les infirmeries des corps de troupes, on est d'accord pour l'attribuer aux chefs de corps ou de détachement.

A qui doit appartenir la direction des établissements du service de santé?

Trois systèmes, correspondant à ces trois opinions, ont été produits et discutés devant la commission.

Trois solutions proposées.

Le premier conservait à peu près l'organisation actuelle. L'intendant continuait à être le directeur des établissements hospitaliers et des ambulances militaires, en ce qui concerne l'administration, la police et la discipline. Le médecin était le directeur technique, en ce qui concerne la science et l'art de guérir. L'exécution des ordres administratifs et des prescriptions médicales était confiée au pharmacien et au comptable. Les responsabilités étaient réparties conformément à ces attributions. L'intendant était responsable de l'ensemble du service hospitalier, le médecin du

Premier système.

service médical, le pharmacien de la préparation et de la conservation des médicaments, le comptable enfin de la gestion financière, de la comptabilité et des magasins. Le médecin était soustrait à la tutelle de l'intendance pour tout ce qui n'était pas l'administration et la discipline intérieure; il jouissait de l'autonomie attribuée au corps des officiers de santé par la commission de réorganisation de l'armée. Il était pourvu du droit de réquisition vis-à-vis du pharmacien et du comptable, pour toutes les prescriptions extra-réglementaires qu'il croirait utiles à l'intérêt des malades. Enfin, il avait toute autorité sur les officiers de santé militaires et sur le personnel employé dans son service sous ses ordres.

Second système. Le second système assimilait l'hôpital ou l'ambulance à un corps de troupes, dont le médecin était le chef, et conférait à celui-ci des pouvoirs analogues à ceux du colonel dans le régiment. On réunissait, en conséquence, entre ses mains, la direction médicale et administrative, la police et la discipline, en maintenant toutefois à l'intendant le soin d'ordonnancer les dépenses et par suite le droit d'exercer le contrôle préventif qui en résulte. Sous cette direction, était constituée une gestion collective composée du médecin du grade le plus élevé après le médecin en chef, du pharmacien et du comptable. Ce conseil d'administration, présidé par le médecin, était chargé d'exécuter les ordres de la direction. Il avait une responsabilité commune, sans exclure toutefois la responsabilité particulière de chacun des membres vis-à-vis du conseil et de l'État.

Troisième système. Le troisième système reposait, comme le précédent, sur l'idée de l'assimilation de l'établissement hospitalier à un corps de troupes, ainsi que sur la création d'un conseil d'administration. Seulement la direction n'appartenait plus au médecin, mais au commandement, représenté par le major de la garnison ou des officiers d'un état-major spécial. Le conseil d'administration était composé du médecin en chef, du pharmacien et du comptable, sous la présidence du médecin en chef. La police générale de l'établissement était remise au major ou à l'officier directeur; mais, dans chacun des services de la médecine, de la pharmacie et de l'administration, la police spéciale du service était attribuée à celui qui en était le chef. L'intendant conservait l'ordonnancement des dépenses et le contrôle préventif.

Arguments invoqués en faveur du premier système, qui conserve la direction entre les mains de l'intendance. Les partisans du premier système alléguaient que la direction administrative ne saurait sans inconvénient être confiée aux médecins; que cette direction, dans sa plénitude, comprenait le droit d'ordonnancement, et que personne ne songeait à leur attribuer ce droit. C'était la reconnaissance implicite qu'une partie de la direction devait nécessairement leur échapper. Il ne semblait pas rationnel, en effet, de charger de la direction financière et des détails de la comptabilité l'homme de science qui n'a été préparé par aucune de ses études à l'exercice de ces attributions. Cette partie financière de l'administration n'était pas la seule pour laquelle il ne fût pas compétent. Les approvisionnements, les vivres, les effets, le linge, les transports, tout ce qui n'était pas du service technique lui était également étranger. Comment pourrait-il diriger utilement ce qu'il ne connaissait pas? Il ne réussirait qu'à compromettre sa propre responsabilité, les intérêts des malades et de l'État. Le docteur allait se transformer en homme de bureau ; il allait être absorbé par les mille détails du fonctionnement du service et employer à donner des signatures ou à faire de la correspondance un temps qui serait plus utilement consacré à des soins médicaux ou à des études scientifiques. S'il devenait un bon administrateur, ce ne serait qu'aux dépens de sa valeur comme médecin.

L'intendant, au contraire, était rompu à l'administration et placé de manière à faire fonctionner le service tout entier, d'accord avec la direction médicale et sans empiéter sur cette direction. Il avait la clef du Trésor, comme ordonnateur, et possédait en conséquence la direction financière. Comme tous les actes administratifs se résolvent en dépenses et que les dépenses ne peuvent être faites en dehors de l'ordonnateur, il possédait, en cette qualité, la véritable direction administrative, quelles que fussent d'ailleurs les attributions données au médecin. Il était, en outre, directeur du service des subsistances et de l'habillement, et pouvait, mieux que qui que ce fût, pourvoir aux besoins des ambulances et des hôpitaux. Il était la clef de voûte qui joignait et maintenait les trois services du médecin, du pharmacien et du comptable, qui pondérait leur action, prévenait les luttes d'amour-propre et les conflits.

Ce qu'il importait d'assurer au médecin, c'était le pouvoir de faire exécuter ses prescriptions et de guérir ses malades, c'étaient l'initiative des mesures d'hygiène, le choix des emplacements pour les ambulances, l'autorité dans les salles sur tout le personnel de santé, l'indépendance de sa carrière médicale. Tous ces avantages lui étaient donnés avec la direction technique, le droit de punition sur les officiers de santé et le personnel sous ses ordres, le droit de réquisition et enfin l'autonomie du corps de santé.

Fallait-il aller plus loin, confier l'administration au médecin et consacrer non-seulement son indépendance, mais encore sa suprématie sur le pharmacien et le comptable? On ne le pensait pas et on invoquait, à l'appui de cette opinion, ce qui se passe dans la famille et dans le service civil des hôpitaux.

Dans la vie commune, lorsqu'un homme est malade, qui est-ce qui administre? Est-ce le médecin? Celui-ci se contente de formuler ses ordonnances. C'est la famille qui, conformément aux prescriptions, se met en mesure de fournir les médicaments, le régime alimentaire et tout ce qui est nécessaire. Dans les hôpitaux civils, c'est la société, représentée par quelques hommes honorables ou par un directeur tenant ses pouvoirs du ministre de l'intérieur, qui mène l'administration et remplace la famille. N'est-ce pas l'ordre nécessaire des choses? N'est-ce pas la constitution rationnelle du service hospitalier, telle que la font les habitudes sociales et les sentiments mêmes de la nature? Pourquoi y déroger dans l'organisation des hôpitaux militaires et assigner au médecin un rôle qui lui est refusé partout ailleurs?

Motifs allégués par les partisans du second système, qui confie la direction aux médecins. Le second système est basé sur le principe que le médecin, qui a la responsabilité de guérir, doit avoir la préparation des moyens de la guérison. Le service de santé, dans l'établissement hospitalier, est le service principal autour duquel les autres viennent se grouper comme instruments d'exécution. Celui qui est le chef du service de santé doit être à la tête de l'établissement. Le premier système ne fait pas au médecin une assez large part; il a le tort de donner la direction au fonctionnaire de l'intendance, qui n'a pas l'expérience des choses sanitaires, qui est d'ailleurs absorbé par des occupations multiples et ne peut venir que rarement à l'hôpital. Il laisse subsister entre le docteur et l'intendant cet antagonisme de longue date, qui résulte du point de vue différent auquel ils se placent et des préoccupations diverses auxquelles ils obéissent. Le mérite de l'un est d'abaisser le prix de la journée de traitement des malades, celui de l'autre de réduire le nombre de ces journées et de multiplier les cas de guérison. Il convient donc de ramener l'unité dans l'administration par l'unité du résultat à atteindre, par l'unité de l'impulsion. Si le médecin est directeur, ces tiraillements cessent, les malades s'en trouvent bien, et le Trésor lui-même y a son avantage.

L'exemple de l'organisation des hôpitaux civils ne saurait trancher la question contre la direction des médecins. La situation n'est pas la même. Les hôpitaux civils doivent la plupart du temps à la charité publique les fonds dont ils disposent. La charité publique ne peut pas se désintéresser complétement de la gestion de ces fonds. Il est donc logique qu'elle confie la protection de ses intérêts à des commissions administratives composées des citoyens les plus honorés. D'un autre côté, les médecins des hôpitaux civils ne sont pas des fonctionnaires publics. Ils sont peu payés et obligés de subvenir à l'insuffisance de leurs émoluments par l'exercice de leur profession. Il leur serait impossible de soigner leur clientèle et de faire de l'administration. Ce n'est donc pas l'incompatibilité de leur qualité de médecin et des fonctions administratives, mais l'exercice de leur profession et leur intérêt personnel qui les éloignent de la direction des hospices civils.

Dans les hôpitaux militaires, au contraire, c'est avec les fonds du budget qu'on pourvoit à tous les besoins. Ces établissements peuvent donc être administrés par un délégué du ministre, et rien n'empêche que ce délégué ne soit un médecin. Les officiers de santé militaires sont en effet les hommes de l'État, redevables de tout leur temps au service public et, par conséquent, parfaitement susceptibles de remplir la tâche qu'on jugera utile de leur assigner.

La direction administrative ne sera pas assez absorbante pour distraire le médecin de ses malades, et ce qui le prouve, c'est qu'elle est exercée aujourd'hui par le fonctionnaire de l'intendance qui ne fait que de rares apparitions dans l'hôpital.

D'ailleurs, l'intérêt qui domine toute la question, c'est le soin des malades pendant la guerre, c'est la nécessité d'assurer en campagne, dans les meilleures conditions possibles, le fonctionnement du service des ambulances. L'intendant ne peut s'en occuper exclusivement, à moins de négliger ses autres devoirs. Il faut cependant un fonctionnaire toujours présent, toujours prêt à ordonner les mesures que réclame la vie des blessés. Ce fonctionnaire ne saurait être un autre que le médecin en chef de l'ambulance. On est donc nécessairement conduit à donner, en temps de guerre, la direction du service au médecin. S'il doit l'avoir en temps de guerre, il doit également la posséder en temps de paix ; car rien ne serait plus funeste que de lui confier sans préparation des attributions et une responsabilité sous lesquelles il pourrait succomber.

Tels sont les principaux arguments invoqués en faveur de l'attribution au médecin de la direction administrative.

Ce principe admis, il importe de relier dans une action commune les trois éléments qui concourent à l'exécution des ordres de la direction, de les unir par un intérêt commun, d'établir dans tous leurs actes l'harmonie indispensable à la marche du service. On rassemble donc dans un conseil d'administration le médecin, le pharmacien et le comptable. Pour rendre hommage au principe de séparation de la direction et de la gestion, on ne met pas dans le conseil le médecin en chef, mais celui qui possède, après

Utilité de constituer un conseil d'administration gestionnaire.

8

lui, le grade le plus élevé. On lui attribue la présidence comme au représentant du service principal.

Ce conseil gestionnaire exécute et modère en même temps les ordres de la direction. Il est intéressé à ne faire aucune opération contraire aux règlements ; car il est tenu, par une responsabilité collective, de réparer le préjudice qu'il peut causer au Trésor. Il n'est dégagé que si le directeur, en délivrant une réquisition, consent à assumer sur sa tête toutes les conséquences de l'acte irrégulier.

Il est juste, toutefois, que la responsabilité collective du conseil ne supprime pas la responsabilité personnelle de chacun des chefs de service, pour les faits qui le concernent particulièrement. Chacun doit être justiciable de ses actes, et on n'entend pas déroger à cette règle de droit naturel. On n'entend pas davantage priver l'État de la garantie qu'il possède aujourd'hui dans le cautionnement du comptable.

Raisons sur lesquelles est basé le troisième système qui remet la direction au commandement.

Le troisième système repousse, comme le second, la direction de l'intendance ; mais il n'admet pas celle du médecin. Il reprend l'exemple de la famille qui ne s'est jamais dessaisie, au profit du docteur, de la direction administrative du service des malades. Dans l'armée, qui remplace la famille ? Est-ce l'intendant ou le médecin ? Non ; pour le premier, le malade est un consommateur et, pour le second, un sujet. Ce n'est qu'aux yeux du commandement qu'il est véritablement un membre de la grande famille militaire, un enfant. C'est donc le commandement qui doit faire ce que fait la famille, remplir ses devoirs, posséder la direction administrative.

L'attribution de la direction au commandement offre de nombreux avantages. Elle évite les dangers qui résulteraient pour le service de la révolution opérée dans les pouvoirs des médecins, et de l'inexpérience de ceux-ci dans des fonctions dont ils seraient brusquement revêtus. Elle préparerait ainsi une transition entre l'état de tutelle où ils vivent actuellement et la situation de directeurs administratifs, si on jugeait un jour à propos de leur confier la direction. Elle résout toutes les difficultés de discipline, met fin à toutes les luttes intérieures engagées entre les fonctionnaires pour la prépondérance, prévient les conflits entre le médecin, le pharmacien et le comptable. Personne ne peut contester l'autorité du commandement ; toutes les prétentions s'inclinent devant l'épaulette, et ce sentiment de respect et de subordination ne sera pas inutile pour établir l'accord entre les trois chefs de service. Ces trois chefs sont réunis pour former un conseil d'administration, afin de donner à la gestion de l'ensemble et de l'unité, ainsi qu'il a été dit plus haut. Seulement le médecin en chef, n'étant plus directeur, devient membre et président du conseil.

La commission a examiné ces trois systèmes, pesé leurs avantages et leurs inconvénients.

Examen de ces trois systèmes.

Elle a commencé par constater les points sur lesquels on est d'accord, et ces points sont importants.

Points sur lesquels ils sont d'accord.

Ainsi, on est unanime à reconnaître que le médecin doit avoir l'autorité nécessaire pour faire exécuter ses prescriptions hygiéniques et médicales, que par conséquent le pharmacien et le comptable doivent déférer à ses ordres, dans les limites des règlements, et même dans certains cas, en dehors des règlements, sur la production d'une réquisition écrite.

On admet également le droit disciplinaire du médecin en chef sur les officiers et sur le personnel de santé employés sous ses ordres dans son service.

Dans tous les systèmes, l'intendance conserve l'ordonnancement et le contrôle. On lui laisse donc une grande partie de son action administrative.

On peut dégager une première conclusion de ce qui précède, c'est que, dans le service de santé, la direction n'a pas le même caractère que dans les autres services, qu'elle présente une forme double, qu'elle se partage presque naturellement en deux parties, dont l'une, exclusivement financière, appartient à l'intendance. Quant à l'autre partie, qui doit être confiée selon les uns aux médecins, suivant les autres au commandement, elle rappelle assez exactement la direction générale accordée aux commandants de corps d'armée. C'est une direction sans maniement de deniers, qui consiste à donner des ordres au corps d'exécution, ou, pour employer l'expression consacrée, à donner l'ordre de pourvoir et de distribuer, à veiller à ce que les magasins soient au complet, et les malades pourvus de tout ce qui leur est alloué par les règlements.

Caractère particulier de la direction dans les établissements du service de santé.

A qui doit être remise cette direction ?

Suivant le premier et le troisième système, elle se partage entre l'intendant ou le commandement d'une part, et le médecin de l'autre ; dans le second, elle appartient au médecin.

A qui doit-elle appartenir ?

Tous les systèmes s'accordent donc pour reconnaître au médecin une part plus ou moins étendue dans la direction, telle qu'elle vient d'être définie. Le second système seul lui attribue cette direction tout entière.

Convient-il d'adopter les restrictions dans la direction du médecin, formulées par deux des projets ? Convient-il de lui donner l'extension proposée par le deuxième système ?

La différence entre ces trois systèmes consiste en ce que, dans deux d'entre eux, l'intendant ou le délégué du commandement est le chef de l'établissement, responsable de la marche du service tout entier, chargé de tenir la main à ce que les prescriptions du médecin soient exécutées par le pharmacien et par le comptable, à ce que tous les moyens de guérison soient préparés et fournis, à ce que les visites se fassent régulièrement, à ce que les malades reçoivent tous les soins auxquels ils ont droit.

Dans cet ordre d'idées, le médecin a bien une direction, mais une direction secondaire et presque exclusivement technique, qui consiste dans la faculté de donner des prescriptions, dans la police et la discipline de son propre service.

Dans le second système, toutes ces attributions sont dévolues au médecin, qui se trouve ainsi placé à la tête de l'établissement, avec l'autorité sur tout le personnel et la responsabilité du fonctionnement général du service. Il a non-seulement le droit de délivrer ses ordonnances médicales et de prescrire les mesures relatives à la tenue des salles ou au régime des malades, mais encore le devoir de veiller à leur exécution. Il est investi, à cet égard, des pouvoirs suffisants vis-à-vis du pharmacien et du comptable.

La majorité de la commission a pensé que, s'il y avait, en dehors de la direction financière, des restrictions à apporter à la direction des médecins, ces restrictions ne pouvaient être utilement stipulées en faveur de l'intendance. L'intendant ne peut pas être un directeur d'hôpital. Il n'en a ni le temps, ni la compétence. Ses attributions multiples, qui s'étendent sur plusieurs services et sur plusieurs établissements, ne lui permettent pas de fixer son attention d'une manière suffisante sur le fonctionnement et les besoins de l'hôpital. En campagne, ses devoirs deviennent encore plus nombreux, et ne lui laissent guère le loisir de s'occuper davantage des ambulances. Il n'est pas toujours là pour prendre les décisions rapides qu'exigent les circonstances. Il n'a pas l'expérience nécessaire pour présider sûrement aux installations du service des blessés. Enfin, il n'a pas, dans les questions de discipline, l'autorité que donne l'épaulette. Et l'autonomie conquise par le corps de santé n'est pas faite pour augmenter cette autorité, pour atténuer l'antagonisme de ce corps contre l'intendance, pour faciliter à celle-ci l'accomplissement de sa tâche, pour alléger une responsabilité qui continuerait à peser sur elle tout entière. Dans ces conditions, avec un personnel qui échappe en partie à son action, il a semblé que la direction serait pour l'intendant une charge peu désirable et pleine de périls.

Si elle ne doit pas appartenir à l'intendance, convient-il de la donner au commandement? Ne peut-on pas faire à celui-ci les mèmes objections qu'à l'intendance ? N'est-il pas, comme elle, incompétent? N'est-il pas distrait par d'autres devoirs? Sera-t-il toujours présent? Pourra-t-il résider dans l'hôpital? Toutes ces questions ne se présentent-elles pas, lorsqu'on songe à confier la direction au major de la garnison, qui sera un lieutenant-colonel ou un chef de bataillon? En temps de guerre, quel sera le délégué du commandement? Ne faudra-t-il pas détacher un officier de son bataillon ou de sa compagnie pour l'absorber entièrement dans l'administration de l'ambulance? Si l'on reconnait l'inconvénient de distraire pour ce service un certain nombre d'officiers dont la présence dans leur corps est surtout essentielle en campagne, on sera dans l'obligation de créer des officiers hors cadre, un nouvel état-major spécial de directeurs du service hospitalier. Mais pourquoi augmenter encore les charges déjà si lourdes du budget de la guerre? Il ne semble donc pas que l'attribution de la direction au commandement soit susceptible d'améliorer le fonctionnement du service des hòpitaux et des ambulances. A moins d'instituer un nouveau corps et de s'engager dans de nouvelles dépenses, le major de la garnison ou les officiers détachés ne feront que de médiocres directeurs. Obligés de se déplacer avec leurs corps, ils auront des fonctions trop mobiles pour bien connaitre la situation, les besoins, le service de l'établissement qu'ils devront administrer. Ils posséderont certainement moins d'expérience et d'aptitude que l'intendant. Ils n'auront réellement qu'un seul avantage, celui d'une autorité plus grande sur le personnel. Mais cet avantage ne saurait être suffisant pour compenser les inconvénients dont il vient d'être parlé.

La commission a donc été d'avis d'attribuer aux médecins la direction des hòpitaux et ambulances, en indiquant nettement la nature de cette direction et en réservant expressément l'action administrative que l'intendant doit exercer par l'ordonnancement et le contrôle préventif des opérations de la dépense. On a en conséquence écrit dans l'article 32 que la direction et la surveillance des hòpitaux et ambulances appartiennent au médecin en chef. La direction consiste à donner l'ordre de pourvoir et de distribuer, suivant les besoins et les ressources, dans les limites des règlements et des allocations ordonnancées par les fonctionnaires de l'intendance. La surveillance consiste à s'assurer que les magasins de l'hôpital ou de l'ambulance renferment constamment le complet des approvisionnements prescrits, et que les malades sont pourvus de tout ce qui leur est alloué par les règlements. Cette direction et cette surveillance s'exercent,

Elle ne doit pas davantage appartenir au commandement.

Elle doit être attribuée aux médecins.

Définition de la direction et de la surveillance administratives accordées aux médecins.

sous l'autorité du ministre ou sous celle du général commandant le corps d'armée, suivant que les établissements font partie des établissements et services spéciaux régis par le titre II, ou se rattachent aux services des armées et corps d'armée.

Surveillance du commandement.

Mais, quelle que soit leur situation, ces établissements sont soumis à la surveillance du commandement. Si l'on n'a pas cru devoir lui attribuer la direction, on n'a pas entendu lui enlever l'action légitime qu'il doit exercer sur les hôpitaux et ambulances militaires. C'est lui qui est responsable du bien-être et de la vie des troupes ; et ses devoirs ne s'arrêtent pas à la porte de l'hôpital. Il doit suivre et couvrir de sa protection ses hommes, lorsqu'ils sont blessés ou malades. C'est donc un officier délégué du commandement qui doit, *chaque jour*, s'assurer que le service fonctionne bien, que les malades sont bien soignés et l'hôpital bien tenu, que les visites ont lieu aux heures réglementaires, que les aliments sont de bonne qualité, les salles propres, convenablement aérées et chauffées. Le commandement redresse lui-même ou signale au ministre, suivant les cas, les abus qu'il aurait constatés.

Droit de réquisition du médecin en chef.

L'ordre de pourvoir et de distribuer conféré au médecin en chef, est circonscrit non-seulement dans les limites du règlement, mais encore dans celles des allocations ordonnancées par l'intendance. Ces allocations consistent ordinairement en avances, dont le gestionnaire doit justifier l'emploi, avant de toucher le montant de l'avance suivante. Aucune parcelle n'en peut être employée que pour l'objet même auquel les fonds ont été affectés par l'ordonnateur. Toutefois, dans les cas d'urgence, on donne au médecin en chef, directeur de l'établissement, le droit de requérir l'exécution des prescriptions extra-réglementaires, en délivrant au conseil d'administration chargé de la gestion un ordre par écrit. La responsabilité, même pécuniaire, de la dépense passe alors de la tête du gestionnaire sur celle du médecin qui a signé la réquisition.

Constitution d'une gestion collective.

La question de la direction étant réglée, on a constitué une gestion collective, telle que l'avait proposée le second système. On a réuni, dans un même conseil, le médecin le plus élevé en grade, après le médecin en chef, le pharmacien et le comptable. On a donné la présidence au médecin. Les actes de la gestion doivent avoir lieu d'accord, en vertu des délibérations de ce conseil. La responsabilité de chacun des membres est engagée par l'acquiescement donné à ces actes. La responsabilité du conseil toutefois n'est pas exclusive de la responsabilité personnelle qui incombe à chacun des chefs de service pour les faits propres à son service.

Contrôle local de l'intendance.

On assujettit tous les actes de l'administration hospitalière au contrôle local de l'intendance qui reste chargée de l'ordonnancement des dépenses.

Le contrôle supérieur est exercé, comme pour tous les autres services, par l'inspection de l'administration de la guerre. **Contrôle général.**

Il a paru convenable à la commission de borner aux dispositions qui précèdent ce qui devait être contenu sur le service de santé dans la loi d'administration. Il lui a semblé qu'il ne lui appartenait pas d'aller plus avant, ni de constituer dans toutes ses parties le fonctionnement des services sanitaires. Elle s'est donc abstenue d'aborder une série de questions intéressantes relatives à ces services, dont le caractère spécial et presque technique n'était plus conforme à la nature générale des principes administratifs qu'elle avait pour but de poser. Ainsi, elle n'a voulu régler ni la question des sociétés civiles de secours aux blessés, ni celle de la création d'un corps hospitalier. Ces questions ne peuvent être traitées isolément et doivent trouver leur place dans une étude générale de l'organisation du service de santé. La commission, toutefois, croit qu'elles méritent une sérieuse attention. En temps de guerre, le concours des sociétés civiles de secours aux blessés peut être utilisé en arrière des armées combattantes, sur les lignes d'étape et à l'intérieur du territoire. Ces sociétés fonctionneraient sous l'autorité du commandement, auquel elles seraient reliées par les membres d'un ordre militaire hospitalier, recrutés volontairement parmi les individus qui auraient accompli leur temps de service dans l'armée active. Il serait peut-être possible de donner à cet ordre hospitalier un rôle utile dans la direction des infirmiers et des brancardiers sur le champ de bataille. Il y aurait tout lieu d'espérer de précieux avantages de l'emploi de ces éléments nouveaux, s'il était convenablement réglé. Quand on s'occupera de constituer les détails des services, il conviendra d'examiner dans quelle forme et dans quelle mesure il sera permis de les adapter au système général de nos institutions militaires.

Sociétés civiles de secours aux blessés. Création d'un ordre militaire hospitalier.

TITRE V

Personnel.

Après avoir indiqué dans les quatre premiers titres les principes géné- Objet et division du titre V. raux de l'organisation administrative, la constitution spéciale des services réservés au ministre et celle des services dépendant des corps d'armée, après avoir posé les bases de l'administration des corps de troupes et de l'administration des établissements hospitaliers, la commission a cru devoir compléter son travail, en s'occupant du personnel qui sera chargé de mettre en mouvement tous ces rouages. Elle a cherché à définir les principales attributions de ce personnel, à en fixer la constitution, à en préparer les cadres. Elle a pensé que cette étude était le meilleur moyen de contrôler le mérite de l'organisation qui fait l'objet de la première partie de la loi et de juger de la possibilité d'appliquer les dispositions qui y sont édictées. On n'a pas compris dans ce travail le personnel administratif qui fait partie de l'effectif combattant. Il n'appartenait pas à la commission de toucher une question qui se rattache à la constitution même de l'armée française.

Le titre V se divise en trois chapitres qui ont pour objet : le premier, le personnel de direction ; le second, le personnel de gestion ou d'exécution ; le troisième enfin, le personnel de contrôle.

CHAPITRE Iᵉʳ

PERSONNEL DE DIRECTION

Le chapitre Iᵉʳ se subdivise en trois sections : Énumération du personnel de direction.

Section I. — Personnel de direction de l'artillerie et du génie;

— II. — Corps de l'intendance militaire ;

— III. — Corps des officiers de santé militaires.

9

SECTION I. — *Personnel de direction de l'artillerie et du génie.*

Personnel de direction de l'artillerie et du génie. Le personnel de direction de l'artillerie et du génie étant pris parmi les officiers de ces armes, dont la constitution et les attributions en matière administrative sont réglées par des lois, ordonnances et règlements spéciaux, il n'y avait à insérer dans la loi aucune disposition à leur égard.

SECTION II. — *Corps de l'intendance militaire.*

Le corps de l'intendance militaire fait partie des états-majors de l'armée. L'ordonnance royale du 18 septembre 1822, portant réorganisation de l'intendance militaire, déclarait (art. 34) que les fonctionnaires de ce corps font partie de l'état-major général de l'armée. L'ordonnance du 10 juin 1835 contenait une déclaration analogue; mais la loi du 27 juillet 1835 n'a compris, dans le cadre de l'état-major général de l'armée, que les officiers généraux, sans faire mention de l'intendance. La commission n'a donc pas cru devoir reproduire les termes de l'article 34 de l'ordonnance de 1822. Il lui a semblé plus exact de dire que l'intendance fait partie des états-majors de l'armée. Elle forme, en effet, un état-major particulier : et cet état-major, avec les états-majors particuliers de l'artillerie et du génie et l'état-major général, compose l'ensemble des états-majors de l'armée.

Hiérarchie du corps de l'intendance. La hiérarchie du corps de l'intendance a été réglée conformément à l'ordonnance du 10 juin 1835. On s'est borné à ajouter aux divers grades compris dans cette ordonnance celui d'intendant général créé par le décret du 12 juin 1856. La commission toutefois n'a pas adopté cette résolution, sans examiner s'il ne convenait pas de modifier la désignation des fonctionnaires, de supprimer l'assimilation de leurs grades avec ceux de la hiérarchie militaire, enfin de faire disparaître l'intendant général.

Une proposition avait été faite à l'effet de substituer des dénominations nouvelles à celles de l'ordonnance de 1835, et de constituer ainsi qu'il suit le corps de l'intendance, savoir :

Adjoint à l'intendance,
Intendant de brigade,
Intendant de division,
Intendant de corps d'armée,
Intendant d'armée.

Le motif de cette substitution était de former une hiérarchie dont chaque grade correspondît à des fonctions véritables. Le titre devait donner ainsi la raison d'être du fonctionnaire ; et c'est un avantage qu'on ne pouvait obtenir avec les désignations d'adjoints de 1re et de 2e classe, de sous-intendants de 1re et de 2e classe, d'intendant militaire et d'intendant général.

On a objecté à ce système qu'il n'était pas possible de faire correspondre exactement le personnel de l'intendance avec les divisions militaires, qu'indépendamment des fonctionnaires attachés aux brigades, divisions, corps d'armée et armées, il y en avait d'autres chargés de la direction des établissements réservés au ministre, d'autres groupés auprès des quartiers généraux d'armée ou de corps d'armée, sous les ordres des chefs de service, et remplissant des fonctions que désignerait fort imparfaitement le titre d'intendant de brigade ou d'intendant de division.

On a ajouté que cette classification serait, dans la pratique, une source d'inconvénients et d'embarras. On ne pourrait plus employer les membres de l'intendance que dans les services correspondant à leur grade, au lieu de les placer, comme aujourd'hui, sans distinction, partout où leur présence est utile. La commission, par ces motifs, a été d'avis de ne rien changer à la désignation actuelle des fonctionnaires de l'intendance.

Il lui a paru également convenable de conserver l'assimilation des grades. L'intendance fait partie, sous les ordres du commandement, de la famille militaire : il serait bien difficile de ne pas lui donner l'assimilation qui lui marque sa place dans l'armée et lui assure la situation à laquelle elle a droit. *Assimilation des grades.*

Quant à la fonction d'intendant général, dont la création ne remonte pas à plus de dix-huit ans, on a songé sérieusement à la supprimer. Les intendants généraux ont été institués principalement pour être des contrôleurs suprêmes de l'administration. Ils n'ont plus, sous ce rapport, de raison d'exister, puisque la loi crée, pour les remplacer, un corps de contrôle. Il est vrai qu'on leur a donné d'autres attributions et que, dans plusieurs circonstances, on a choisi parmi eux des intendants d'armée. Ce n'est donc qu'à titre d'administrateurs qu'ils pourraient être maintenus. Le grade d'intendant général forme aujourd'hui le couronnement de carrière des intendants militaires qui se sont signalés d'une manière exceptionnelle, qui se sont trouvés à la tête des plus grands services, qui ont administré des armées. C'est une récompense, une distinction d'un ordre supérieur, un moyen d'émulation, qui soutient et encou- *Question de la suppression du grade d'intendant général.*

rage les membres de l'intendance et qui contribue à leur excellent recrutement. Peut-on, sans inconvénient, les en priver? Peut-on, sans amoindrir le corps, lui enlever son grade le plus élevé? L'avantage de réaliser pour le budget une petite économie compenserait-il l'inconvénient d'abaisser d'un degré une catégorie de fonctionnaires distingués? Telles sont les questions que la commission a dû se poser. Elle a commencé par établir en principe qu'elle ne voulait infliger au corps de l'intendance aucune déchéance, et qu'elle n'entendait lui enlever la fonction d'intendant général qu'à la condition de lui donner un équivalent.

Solution de cette question en recrutant le corps de l'inspection parmi les intendants militaires. Elle a donc tourné les yeux vers le corps de contrôle, espérant trouver dans les emplois de ce corps la compensation qu'elle cherchait. Il lui semblait qu'on pouvait tout concilier, en faisant passer dans l'inspection les intendants qui auraient rendu d'éminents services et qui obtiendraient ainsi le grade d'inspecteurs généraux comme ils avaient obtenu jusqu'ici celui d'intendants généraux. Le couronnement de carrière serait le même, la considération de l'intendance ne recevrait aucune atteinte, et l'on ferait disparaître un emploi dont l'utilité peut être contestable.

Inconvénients de cette solution. Cette solution, qui offre des côtés séduisants, a été vivement combattue. On a fait observer qu'elle réglerait peut-être des situations personnelles, à la satisfaction des intéressés, mais qu'au point de vue du bien public, elle apporterait une cause d'affaiblissement au corps de l'intendance aussi bien qu'au corps de l'inspection. Les aptitudes de l'administrateur ne sont pas celles du fonctionnaire chargé du contrôle. Les qualités de l'un ne sauraient souvent être utiles à l'autre. L'esprit d'initiative, de ressource, d'organisation, le talent d'homme d'affaires, l'intelligence des opérations commerciales, qui sont nécessaires pour distinguer un intendant, ne sauraient constituer un bon inspecteur. Et d'un autre côté le génie de l'investigation, l'exactitude, la vigilance, le culte absolu et inflexible de la règle ne suffiraient pas pour l'administration d'une armée. Il est de l'intérêt général de donner à chacun l'emploi auquel il est propre, si l'on veut obtenir des services efficaces, si l'on cherche, dans la constitution des corps, autre chose que des places ou des retraites. En faisant de l'inspection le couronnement de l'intendance, on enlève à l'administration des hommes qui, en temps de guerre, seraient peut-être les plus capables de diriger les services d'une armée, et on donne au contrôle des membres qui n'en ont ni l'esprit ni le goût, qui sont souvent fatigués et qui ne seront généralement pas disposés à refaire l'apprentissage d'une nouvelle carrière. Si l'on veut que l'inspection soit une institution utile, vivante, forte, il faut la recruter avec des éléments jeunes et actifs, et ne pas la paralyser en mettant à sa tête des fonctionnaires vieillis dans d'autres travaux et en destinant ses grades élevés à former une sorte de retraite.

Il semble donc préférable de ne pas confondre l'intendance et l'inspection, de laisser à chacune d'elles son organisation et sa hiérarchie, et de conserver l'intendant général. Cette position serait alors un grade et non une fonction : elle servirait à récompenser les membres du corps qui auraient administré les armées avec distinction ou qui auraient rendu des services exceptionnels. Mais elle ne créerait, pour ceux qui en seraient pourvus, aucun droit à des fonctions spéciales. Le ministre, par exemple, ne serait pas obligé de prendre parmi eux les intendants d'armée. Leur situation, au point de vue du service, serait la même que celle de l'intendant militaire. On pourrait toutefois leur confier l'administration, dans les régions de corps d'armée les plus importantes, ou les placer au ministère à la tête de grandes directions. Du reste leur nombre restreint simplifierait la difficulté de les employer d'une manière utile et conforme à leur position hiérarchique.

Maintien de l'intendant général. — Sa situation nouvelle.

Ces diverses questions réglées, la commission s'est demandé s'il n'y avait pas lieu de modifier le système de recrutement de l'intendance, et d'ouvrir les portes de ce corps aux officiers des bureaux de l'intendance et aux officiers d'administration comptables. Ces agents sont associés aux travaux des intendants; ils prennent part aux mêmes affaires. Ne conviendrait-il pas de leur donner la possibilité d'arriver aux mêmes fonctions? Ne serait-il pas utile d'introduire dans les rangs des directeurs administratifs des hommes rompus aux détails du service? Ne serait-il pas juste de détruire des barrières qui ne sont plus de notre époque et qui opposent un obstacle infranchissable à la capacité la mieux établie ?

Recrutement du corps de l'intendance.

Ces considérations, dont on ne méconnaît pas l'importance, ont été pesées mûrement, et il a fallu les raisons les plus sérieuses pour déterminer la majorité de la commission à maintenir le recrutement actuel de l'intendance et à laisser subsister la ligne de démarcation qui sépare ce corps des officiers d'administration. Parmi ces derniers, il faut distinguer les comptables chargés de la gestion des établissements et les officiers des bureaux de l'intendance. Les officiers gestionnaires ne sont pas, à proprement parler, des fonctionnaires, mais une sorte de négociants, des entrepreneurs de transformation et de conservation. Dans le système abonnataire, leur caractère commercial s'accuserait franchement. Il ne disparaît pas même avec la régie directe ; car le règlement leur accorde certains avantages pécuniaires. La seule différence est que le bénéfice n'est

Motifs pour lesquels il ne convient pas de recruter l'intendance parmi les officiers comptables de la guerre.

pas invariablement fixé, dans le système de l'abonnement, tandis que, dans l'autre, il est réglé d'avance et payé périodiquement au comptable sous la forme de prime de gestion. Convient-il de prendre une partie des intendants parmi ces entrepreneurs militaires et d'admettre au concours, sur la même ligne, les capitaines de l'armée qui ont conquis leur grade à la pointe de l'épée et des agents qui ont fait leur situation dans les paisibles travaux des manutentions ou des magasins ? La commission ne l'a pas cru possible, sans altérer profondément le caractère du corps de l'intendance. Tout en reconnaissant le mérite des officiers comptables et les services qu'ils rendent comme gestionnaires, elle n'a pas pensé qu'ils pussent rendre d'aussi grands services comme directeurs et comme représentants du contrôle local. De même que de bons intendants ne parviendraient souvent à faire que de médiocres inspecteurs, de même d'excellents gestionnaires pourraient bien devenir de mauvais intendants. Il faut laisser à chacun son rôle : l'intendance n'est pas un meilleur couronnement de carrière pour l'officier d'administration que ne l'est l'inspection pour le fonctionnaire de l'intendance.

Ni parmi les officiers d'administration des bureaux de l'intendance.

Le caractère commercial et la différence des fonctions, qui semblent deux motifs d'une importance capitale pour ne pas admettre dans le corps de l'intendance les officiers d'administration gestionnaires, ne peuvent être opposés aux officiers d'administration des bureaux. Ceux-ci sont les auxiliaires des intendants, leurs secrétaires, leurs vérificateurs. Ils peuvent envisager les affaires au point de vue de la direction et prendre l'esprit de contrôle. Ils sembleraient donc aptes à exercer les fonctions de l'intendance et propres à entrer dans ce corps, s'ils réunissaient d'ailleurs les conditions d'intelligence et de moralité voulues. Pourquoi ne pas leur accorder cet accès qu'ils réclament et ne pas prendre en leur faveur une mesure semblable à celle qui a ouvert les rangs des ingénieurs aux conducteurs des ponts et chaussées ?

Il ne faut pas assimiler d'une façon trop absolue les institutions militaires avec les institutions civiles et raisonner d'après des analogies qui ne seraient pas toujours exactes. L'armée a ses traditions, ses susceptibilités, ses préjugés même avec lesquels on doit compter. Certains actes ne sont acceptés et ne sont rendus possibles que par la qualité de celui dont ils émanent. De toutes les fonctions, celles de l'intendance sont peut-être les plus délicates, celles qui exigent le plus de circonspection et le plus de tact : elles ne consistent pas seulement dans la direction des services, mais encore dans des attributions de surveillance. Elles mettent constamment le fonctionnaire en contact avec le commandement et produisent des frottements que le caractère et la situation de l'intendant peuvent seuls adoucir. Celui-ci est le représentant de la règle, le gardien des intérêts financiers. Il doit résister quelquefois ; il doit surveiller toujours. On ne peut espérer que cette résistance, ce contrôle soient, en toute circonstance, patiemment supportés par des chefs militaires habitués à voir tout plier devant leur volonté. Les nouvelles dispositions qui subordonnent l'administration au commandant de corps d'armée, ne l'ont pas subordonnée aux généraux qui commandent les divisions et les brigades ; l'intendant, comme ordonnateur, a conservé sa responsabilité directe vis-à-vis du ministre, et ses devoirs généraux sont à peu près restés les mêmes. Les difficultés de sa situation n'ont guère été diminuées, si toutefois elles ne se sont pas accrues. Ne faut-il pas alors conserver avec soin tout ce qui peut faciliter son rôle et faire accepter son action ?

Jusqu'ici, l'intendant a puisé sa force et son autorité dans son origine même. Il a commandé, il a été capitaine dans un régiment, il a partagé les fatigues et les dangers de la vie du soldat, avant d'entrer dans les fonctions administratives. Lorsqu'il a renoncé à ses épaulettes, il n'en a pas moins conservé l'état et le caractère d'officier, les souvenirs de la confraternité d'armes. Ces conditions le rattachent à l'armée, légitiment, pour ainsi dire, ses pouvoirs et rendent possible pour lui et supportable pour le commandement l'exercice souvent désagréable des attributions qui lui sont confiées. En serait-il de même s'il était pris parmi les officiers d'administration, s'il était tiré des bureaux, s'il n'avait jamais porté l'épée ? Aurait-il l'autorité nécessaire devant les officiers supérieurs et devant les généraux, s'il n'avait d'autre stage qu'un nombre plus ou moins grand d'années employées à faire des écritures ? On ne l'a pas pensé ; il a paru de la plus grande importance de laisser à l'intendance ses racines implantées au cœur de l'armée.

En maintenant cette barrière, on n'a cru porter aucune atteinte aux principes qui régissent notre société moderne. L'intendance n'est pas un corps privilégié, inaccessible, réservé à quelques favorisés. Elle est ouverte, sans distinction de fortune ni de naissance, à tous ceux qui ont passé par certaines épreuves et qui réunissent certaines conditions. Si le sous-officier, au lieu de choisir la vie des bureaux et d'adopter la carrière tranquille qui aboutit à la situation d'officier d'administration, reste dans le rang, prend des grades et devient capitaine, il a le droit de concourir pour les emplois de l'intendance. Ce qu'on croit pouvoir lui refuser, c'est l'admission latérale, c'est le privilège d'un stage facile et d'une situation élevée.

Recrutement du personnel auxiliaire destiné à compléter les cadres de l'intendance en temps de guerre.

La question du recrutement de l'intendance ne comprend pas seulement le recrutement du cadre normal, nécessaire en temps de paix, mais encore celui du personnel qu'il faudra réunir pour faire fonctionner les services en temps de guerre.

Il ne faut pas songer à entretenir d'une façon permanente un nombre de fonctionnaires suffisant pour faire face à tous les besoins en cas de mobilisation. On serait obligé de doubler le chiffre actuel et on écraserait le budget sous une charge accablante. On a donc été conduit à chercher un procédé qui pût fournir, au moment des hostilités, le personnel nécessaire, sans imposer aux finances publiques, dans les temps calmes, un accroissement de sacrifices.

On a pensé d'abord à compléter les cadres de guerre au moyen des fonctionnaires de l'intendance en retraite et des suppléants légaux des intendants, les conseillers de préfecture, les sous-préfets et les maires. Mais, sans renoncer à faire appel à leur zèle, on a craint que leur concours ne fût pas suffisant pour satisfaire à tous les services du territoire et des armées en campagne. Les intendants en retraite seront généralement, après une vie de fatigues, peu disposés à reprendre du service actif : ils ne pourront guère être employés que sur le territoire. C'est également sur le territoire que seront utilisés les suppléants légaux. Où prendra-t-on alors le complément des fonctionnaires pour administrer les troupes qui combattent ? On ne peut attacher aux armées tout l'effectif régulier de l'intendance. Il faut en laisser une partie dans l'intérieur. C'est surtout au moment de la mobilisation que les services territoriaux doivent être fortement constitués, et ce serait la plus grave des fautes que de les désorganiser, en les privant, dans cet instant même, des fonctionnaires qui sont habitués à les diriger. Il est donc indispensable de constituer un personnel supplémentaire qui puisse également concourir au service territorial et au service de campagne.

Création d'adjoints à l'intendance au titre auxiliaire.

On a eu l'idée d'appliquer à l'intendance les principes de l'article 38 de la loi du 24 juillet 1873, concernant la création de sous-lieutenants auxiliaires, et de former de même des adjoints à l'intendance au titre auxiliaire. Ces adjoints seraient recrutés parmi les engagés volontaires qui réuniraient les conditions déterminées par un règlement ministériel, et qui, après un stage de deux ans auprès d'un fonctionnaire de l'intendance, auraient subi d'une façon satisfaisante les épreuves indiquées par ce même règlement. Ils seraient alors pourvus d'un brevet d'adjoint au titre auxiliaire, qui leur assurerait une situation équivalente à celle de sous-lieutenant. Ces jeunes gens, libres de toutes charges en temps de paix, seraient appelés, en temps de guerre, à augmenter l'effectif des administrateurs. La commission est convaincue qu'en employant avec discernement ces auxiliaires, en les répartissant dans les quartiers généraux, dans les divisions, les brigades et sur le territoire, en les adjoignant à des fonctionnaires expérimentés, on obtiendra d'eux les plus utiles services.

C'est au règlement qu'il appartiendra de préciser le mode de leur recrutement, de fixer leur nombre ainsi que les conditions d'âge et de capacité qu'ils devront remplir, de déterminer les épreuves qui leur seront imposées. La commission n'a pas à formuler à cet égard un programme. Elle croit néanmoins qu'il serait possible de s'adresser avec succès aux jeunes gens qui font leurs études de droit. Dans les facultés de droit, on apprend à interpréter les textes: on se familiarise avec le langage abstrait des lois et des règlements, et, si l'on n'y acquiert pas la pratique des affaires, on y amasse généralement, après trois années de travail, les connaissances suffisantes pour analyser un contrat et en apprécier les clauses. Il y a donc un rapport marqué entre les études de droit et celles qu'il faut faire pour l'intendance. Les étudiants, admis à entrer dans ce service, contracteraient un engagement conditionnel avant leur vingtième année: il leur serait donné toutes facilités pour suivre leurs cours, sans cesser de travailler tous les jours, pendant un certain nombre d'heures, dans les bureaux de l'intendant. Lorsqu'ils auraient obtenu leur diplôme de licencié, ils seraient admis à subir les épreuves spéciales pour le brevet d'adjoint auxiliaire. Ceux qui seraient reconnus incapables, à la fin de leur vingt-troisième année, seraient renvoyés au régiment, pour y faire leur année de service comme les engagés ordinaires. Sans exclure aucun des moyens que l'étude de la question pourra découvrir, ni les ressources qu'on pourrait trouver dans les écoles de commerce, il y a lieu de croire que l'application de ce système pourrait fournir d'excellents éléments au recrutement du personnel supplémentaire.

Les attributions générales de l'intendance ont été déterminées par les premiers titres de la loi. Il était inutile d'y revenir dans le titre du personnel. On s'est contenté d'y insérer quelques dispositions qui ont paru nécessaires pour bien fixer la situation de ce corps dans le nouvel état de choses. Il a paru convenable notamment d'indiquer quelles étaient les conséquences de la correspondance des grades au point de vue de l'autorité militaire ; et on a déclaré que l'assimilation de grade ne conférerait cette autorité aux fonctionnaires de l'intendance que dans la hiérarchie du corps dont ils font partie et sur les différents personnels.

Conséquences de la correspondance des grades au point de vue de l'autorité militaire.

ainsi que sur les troupes d'administration relevant directement de leur service. On a ajouté qu'ils étaient investis, par leur fonction même et quel que soit leur grade, de tous les pouvoirs nécessaires pour l'exercice des attributions qui leur sont confiées. On ne saurait oublier qu'ils continuent à être chargés de la surveillance administrative, que cette surveillance peut avoir pour objet les actes d'un officier d'un grade plus élevé, et qu'elle ne doit être ni paralysée par le respect de la position hiérarchique, ni arrêtée par les injonctions d'un supérieur.

Droits et devoirs de l'intendance vis-à-vis des membres de la hiérarchie militaire et des hommes de troupe, en ce qui concerne les marques de déférence et de respect. On avait pensé à insérer dans le projet un article pour indiquer les droits et les devoirs de l'intendance vis-à-vis des membres de la hiérarchie militaire et des hommes de troupe, en ce qui concerne les marques de déférence et de respect. Cet article aurait, en outre, déclaré que les punitions fixées par les règlements et les peines édictées par le code de justice militaire, pour toute violation des règles sur la matière, seraient applicables aux intendants comme aux officiers et aux soldats. On a renoncé à introduire ces dispositions, les unes parce qu'elles étaient du domaine du règlement et non de la loi, les autres parce qu'il n'est pas possible de modifier les prescriptions du code pénal par un article d'une loi administrative. La commission a exprimé toutefois l'opinion que la situation faite à l'intendance, sous les ordres du commandement, devait la placer dans les mêmes conditions que les officiers de l'armée, vis-à-vis des règlements et du code de justice militaire, et qu'il conviendrait de modifier dans ce sens le code et les règlements.

Organisation du personnel chargé de la direction des services de l'intendance du corps d'armée. L'article 39 du projet de loi établit que la direction des services de l'intendance du corps d'armée sera confiée, sous les ordres du général commandant, à un intendant militaire assisté de fonctionnaires de l'intendance. On a dit, dans les premières pages de ce rapport, comment cet intendant devait être le centre où aboutissaient dans la région, non-seulement les affaires administratives du corps d'armée, mais encore, lorsque le ministre le jugeait convenable, les affaires des établissements spéciaux. On a expliqué pourquoi on avait dû renoncer à créer un personnel particulier pour chacune de ces administrations, et comment les fonctionnaires chargés de leur double direction étaient assujettis, suivant la nature des services, aux règles formulées par le titre II ou par le titre III.

En cas de mobilisation, l'intendant militaire suit le corps d'armée, avec tout le personnel attaché aux divisions et brigades. Il est immédiatement remplacé, sur le territoire, dans toutes ses fonctions, par un membre de l'intendance désigné à l'avance, qui se trouve lui-même secondé par un personnel également désigné à l'avance. La disposition du personnel, en temps de paix, devra être combinée de façon à constituer fortement le service territorial et à lui assurer, pour le moment de la mobilisation, des directeurs expérimentés, habitués aux affaires qu'ils auront à conduire lorsque la guerre éclatera. Il est de la dernière importance que le passage du pied de paix au pied de guerre se fasse sans secousse, par le fonctionnement naturel d'un mécanisme régulier, et qu'on ne soit plus obligé, pour organiser les services des troupes actives, de désorganiser tous les autres.

Lorsque les corps d'armée sont réunis en armée, l'ensemble de leurs services administratifs se trouve centralisé auprès du général en chef, sous la direction, pour ce qui concerne l'intendance, d'un intendant général ou d'un intendant militaire, qui prend alors le titre d'intendant d'armée. *Intendant d'armée.*

Ce titre n'a d'autre durée que celle de ses fonctions. L'intendant de l'armée, comme l'intendant du corps d'armée, est le chef d'état-major administratif du général. Il a donc le droit, en cette qualité, de traiter directement avec le général commandant les affaires administratives et financières. Il est le chef direct des fonctionnaires de l'intendance et de tout le personnel employé dans les services administratifs et financiers (postes et trésor) de l'armée ou du corps d'armée. Cette condition est, en effet, indispensable pour assurer l'unité des opérations, sous l'impulsion du général qui commande et qui a la responsabilité militaire. Il a semblé utile de la spécifier dans l'article 41.

La loi ne s'est pas occupée du droit de punition des fonctionnaires de l'intendance. Il a paru préférable de laisser au règlement le soin de formuler les dispositions nécessaires. *Droit de punition des fonctionnaires de l'intendance.*

Jusqu'ici, les règles constamment appliquées dans l'intérieur, depuis l'ordonnance du 18 septembre 1822, ont été les suivantes :

1° Si un général de division avait à se plaindre d'un intendant, il demandait au ministre de le punir;

2° Si le fonctionnaire inculpé était simplement un sous-intendant ou un adjoint, le général invitait l'intendant à le punir, sans préciser le genre ni la durée de la punition;

3° L'intendant devait infliger la punition demandée, sauf, après l'avoir infligée, à soumettre ses observations au ministre;

4° Enfin, de son côté, le général en appelait au ministre, s'il trouvait que la punition infligée par l'intendant n'était pas assez sévère.

Ces dispositions résultent du rapprochement et de la combinaison de l'article 9 de la loi du 28 nivôse an III, de l'article 37 du décret du 24 décembre 1811 et de l'article 389 du règlement du 2 février 1818. Elles ont été modifiées, en ce qui concerne les troupes employées hors du territoire ou en Algérie, par une décision impériale du 3 octobre 1856 qui a conféré au gouverneur général de l'Algérie, au commandant en chef d'une armée en campagne et à tout officier général pourvu de lettres de service pour commander une division ou une brigade opérant isolément à l'étranger, le droit de punition direct sur les fonctionnaires de l'intendance servant sous ses ordres.

Le ministre appréciera dans quelle mesure les règles qui précèdent doivent être changées, pour être mises en harmonie avec les nouveaux pouvoirs conférés au commandement et les nouvelles conditions administratives. Il jugera quels sont les meilleurs moyens de concilier, en cette matière, la subordination des directeurs des services du corps d'armée envers le général commandant avec la responsabilité directe des ordonnateurs envers le ministre, comment on devra assurer la sanction des droits et des devoirs attribués aux fonctionnaires chargés à la fois du service des corps d'armée et de celui des établissements spéciaux. Le règlement de cette question peut donner lieu à quelques hésitations, à des tâtonnements, à des essais incompatibles avec l'inflexibilité d'une disposition législative. Il appartiendra donc au pouvoir exécutif de tirer les conséquences qui découlent de la loi du 24 juillet 1873 et de la présente loi, sans perdre toutefois de vue ce principe que le droit de punir le contrôleur ne saurait, à aucun degré, appartenir au contrôlé.

Avancement et récompenses des fonctionnaires de l'intendance. Le droit de punition et le droit de récompense sont les deux plus puissants moyens par lesquels il soit donné d'agir sur les hommes et de s'en rendre maître. Le fonctionnaire est sous la main de celui qui dispose de sa carrière, qui peut l'entraver ou la rendre facile et brillante. C'est une vérité qu'il ne faut pas plus oublier dans le règlement du droit de récompense que dans celui du droit de punition. La commission, pour consacrer l'autorité des généraux commandants en même temps que pour affirmer l'autonomie du corps de l'intendance, a cherché une combinaison qui pût concilier tous les droits. Elle a décidé, en ce qui concerne l'avancement et les récompenses des fonctionnaires de l'intendance et du personnel administratif sous leurs ordres, que les propositions seraient établies par l'intendant militaire du corps d'armée ou de l'armée. Dans les armées ou corps d'armée, les généraux commandants donneraient leur avis sur ces propositions et les transmettraient au ministre. Enfin, une commission, composée d'intendants généraux et d'intendants militaires, établirait les diverses listes de classement.

Telles sont les dispositions qu'on a jugé utile de placer dans le projet. Les autres attributions et les autres devoirs de l'intendance ont été déterminés par des lois, des ordonnances et des règlements qui continueront à être appliqués en tout ce qui n'est pas contraire à la présente loi.

SECTION III. — *Corps des officiers de santé militaires.*

On n'a cru devoir apporter aucune modification dans la hiérarchie du corps des officiers de santé militaires, non plus que dans la correspondance des grades de cette hiérarchie avec ceux de l'armée. On s'est toutefois efforcé, dans la préparation des cadres, par la proportion de l'effectif des divers grades, d'ouvrir plus rapidement l'accès à la situation de major de 2ᵉ classe qui équivaut à celle de capitaine.

Principales dispositions relatives au corps des officiers de santé militaires.

On a indiqué dans l'article 45 le rôle principal des médecins et pharmaciens inspecteurs. Ils forment auprès du ministre un conseil consultatif de santé, sont employés aux inspections médicales annuelles, dirigent, en temps de guerre, le service médical des armées et remplissent, auprès des généraux en chef, des fonctions analogues à celles du conseil de santé.

La direction du service de santé dans chaque corps d'armée est confiée à un médecin principal qui est, sous l'autorité directe du général commandant, le chef du personnel des officiers de santé employés dans les corps de troupes, dans les hôpitaux et dans les ambulances. Ce médecin doit exercer sur le personnel ainsi que sur le matériel médical une surveillance permanente. Les autres dispositions comprises dans la section III ont pour objet d'assurer l'autonomie du corps des officiers de santé.

C'est le médecin principal qui, dans le corps d'armée, réunit les propositions pour l'avancement et les récompenses. C'est lui qui a l'initiative pour toutes celles qui concernent les chefs de service dans les corps de troupes, hôpitaux et ambulances. Le général commandant le corps d'armée donne son avis sur ces propositions et les transmet au ministre de la guerre.

CHAPITRE II

PERSONNEL D'EXÉCUTION ET DE GESTION

Énumération du personnel d'exécution et de gestion.

L'article 47 indique les éléments dont se compose le personnel d'exécution et de gestion. Ce personnel comprend :

1° Pour le service de l'artillerie et du génie,

Les conseils d'administration et les officiers de ces armes qui peuvent être chargés de gestion,

Les employés et ouvriers dépendant de ces services;

2° Pour les services de l'intendance militaire,

Les officiers d'administration des bureaux de l'intendance,

Les officiers comptables des subsistances, de l'habillement et du campement,

Les troupes des équipages militaires détachées pour assurer les services administratifs,

Les sections d'ouvriers d'administration et les commis aux écritures;

3° Pour le service de santé,

Les comptables des hôpitaux militaires,

Les sections d'infirmiers.

SECTION I. — *Personnel d'exécution et de gestion des services de l'artillerie et du génie.*

Personnel d'exécution et de gestion de l'artillerie et du génie.

La loi d'administration n'a pas à s'occuper de l'organisation du personnel d'exécution et de gestion des services de l'artillerie et du génie. Ce personnel est organisé conformément à la constitution des armes auxquelles il appartient.

SECTION II. — *Officiers d'administration des bureaux de l'intendance militaire.*

Amendement proposé pour la désignation des officiers d'administration des bureaux de l'intendance

Un amendement avait été présenté, à l'effet de modifier la désignation des officiers d'administration des bureaux de l'intendance militaire.

On faisait observer que ces fonctionnaires ne commandent pas, n'administrent pas. Ce sont des vérificateurs, des secrétaires, des chefs de bureau. Pourquoi leur conserver un nom qui n'a aucun rapport avec leur fonction, et ne pas leur donner au contraire le titre qui la désignerait clairement? Le nom de chef de bureau exprimerait exactement la situation qu'ils occupent : il conviendrait de l'inscrire dans la loi, et de constituer ainsi qu'il suit la hiérarchie du personnel des bureaux de l'intendance, savoir :

> Sous-chef de bureau,
> Chef de bureau de 2ᵉ classe,
> Chef de bureau de 1ʳᵉ classe,
> Chef de bureau principal de 2ᵉ classe,
> Chef de bureau principal de 1ʳᵉ classe.

Quant à l'assimilation de grade, il ne semblait pas opportun de l'attribuer à des fonctionnaires qui ne l'avaient jamais possédée, et qui, par la nature de leurs fonctions, ne paraissaient y avoir aucun droit. *Hiérarchie de ce personnel et assimilation de ses grades avec ceux de l'armée.*

La commission, après avoir incliné un instant vers cette proposition, a fini par la repousser.

Elle a été d'avis de conserver aux officiers d'administration des bureaux de l'intendance le titre qu'ils possèdent, et de leur accorder en outre l'assimilation de grade. Elle a pensé que le principe de la militarisation devait être adopté ou rejeté pour tous les membres du personnel administratif, mais qu'on ne pouvait en appliquer le bénéfice aux uns en le refusant aux autres. Elle a donc constitué des officiers d'administration de trois classes, avec deux classes de principaux, et a fait correspondre les situations de ces officiers avec les grades de l'armée, depuis le grade de sous-lieutenant jusqu'à celui de chef de bataillon. L'assimilation au grade de chef de bataillon s'applique aux deux classes d'officiers principaux. La différence entre ces deux classes consiste dans le chiffre du traitement.

Il a paru important de formuler les règles qui devaient présider au recrutement du corps. *Recrutement des officiers d'administration.*

On a spécifié que les officiers d'administration de 3ᵉ classe des bureaux de l'intendance militaire seraient pris exclusivement parmi les élèves stagiaires qui auraient suivi les cours d'une école d'administration militaire et qui auraient subi, avec succès, les examens de sortie.

Seront admis dans ces écoles, après des épreuves spéciales, les militaires de toutes armes et les engagés volontaires qui satisferont aux conditions imposées par un règlement ministériel.

SECTION III. — *Officiers comptables de la guerre.*

Le système de militarisation du personnel administratif, ayant été adopté pour les officiers d'administration des bureaux de l'intendance, *Hiérarchie des officiers comptables de la guerre.*

devait également prévaloir pour les officiers comptables des hôpitaux, des subsistances, de l'habillement et du campement.

On a réglé leur hiérarchie de la manière suivante :

Aide-comptable,

Officier comptable de 2ᵉ classe,

Officier comptable de 1ʳᵉ classe,

Officier comptable principal { de 1ʳᵉ classe.
{ de 2ᵉ classe,

Assimilation de leurs grades avec ceux de l'armée. Ces grades correspondent à ceux de la hiérarchie de l'armée depuis le grade de sous-lieutenant jusqu'à celui de chef de bataillon.

Mais la commission a fait toutes ses réserves, tant sur le titre d'officier lui-même que sur l'assimilation des grades, dans le cas où le régime actuel d'exploitation viendrait à être modifié, pour faire place au système abonnataire, et où les officiers comptables deviendraient par conséquent de véritables entrepreneurs.

Recrutement. La hiérarchie étant déterminée, on a décidé que le recrutement des officiers comptables de la guerre serait soumis aux mêmes règles que celui des officiers d'administration des bureaux de l'intendance, qu'ils seraient pris parmi les élèves stagiaires de leurs cadres respectifs sortis d'une école d'administration, et que l'entrée dans cette école serait assujettie aux conditions indiquées dans la section II.

CHAPITRE III

PERSONNEL DE CONTROLE. — INSPECTION DE L'ADMINISTRATION DE LA GUERRE

Différentes natures du contrôle. On a indiqué dans le titre Iᵉʳ les divisions qu'il y a lieu d'établir dans le contrôle, comment il faut distinguer le contrôle exercé par le directeur d'un service sur ses subordonnés et le contrôle général exercé au nom du ministre. On a expliqué comment, pour éviter la confusion, on avait désigné le premier de ces contrôles sous le nom de surveillance administrative, en réservant le mot de contrôle pour le contrôle général du ministre. On a expliqué également au titre IV comment ces deux divisions ne sont pas les seules et comment, au-dessus de la surveillance administrative exercée par le colonel et le médecin directeur du service dans le régiment et dans l'hôpital, se trouve un troisième genre de contrôle qui est confié à l'intendant, qui n'est ni la surveillance administrative ni le contrôle général, mais qui participe à la fois de l'une et de l'autre. On a donné le nom de contrôle local à ce contrôle intermédiaire entre celui de l'administrateur et celui de l'inspection.

Le chapitre III, en constituant le personnel du contrôle, n'avait à s'occuper ni des directeurs qui exercent la surveillance administrative, ni des intendants qui exercent le contrôle local. Il devait avoir exclusivement pour objet l'organisation du nouveau corps, dont le présent projet propose la création, sous le nom d'inspection de l'administration de la guerre.

Depuis les malheurs de la dernière campagne, la création d'un corps de contrôle avait été réclamée par les orateurs et les commissions de l'Assemblée. *Vœu souvent exprimé pour la création d'un contrôle indépendant.*

En 1871, M. Riant, dans son rapport au nom de la commission des marchés (1), demande que « tous les actes de l'administration militaire soient vérifiés et appréciés désormais par un corps de contrôleurs essentiellement mobile, se transportant sur tous les points du pays, correspondant avec le ministre, lui révélant les abus et lui proposant les réformes. Le contrôle serait exclusivement composé de fonctionnaires civils. Ce serait le moyen de réserver au ministre et à la Chambre l'opinion d'hommes qui diffèrent des agents d'action par leurs aptitudes et leurs traditions. »

A la séance de l'Assemblée nationale du 4 mai 1872, M. le duc d'Audiffret-Pasquier disait : « Nous avons indiqué le contrôle civil....., parce que, pour avoir un contrôle sérieux, il faut n'avoir pas la hiérarchie des grades. Il faut n'avoir pas la pression de l'autorité de l'épaulette, l'esprit de camaraderie même qui, lui aussi, pris dans un certain sens, est quelque chose de mauvais. Il ne faut pas qu'un corps se contrôle lui-même. »

Il ajoutait quelques instants après : « Il faut que le contrôle soit sérieux. Vous verrez, messieurs, vous examinerez ; la commission de la réorganisation de l'armée étudiera ; la commission des services administratifs étudiera. Quant à nous, nous demandons le contrôle civil avec un point d'interrogation ; mais nous demandons le contrôle indépendant avec le point d'affirmation. »

Le rapport de M. Riant, relativement à l'enquête sur le matériel de la guerre, établissait dans les termes suivants la nécessité d'un corps d'inspection (2) :

« La commission est persuadée que le contrôle central ne peut fonc-

---

(1) Rapport de M. Léon Riant au nom de la commission des marchés, page 104.

(2) Rapport de M. Léon Riant sur l'enquête du matériel de la guerre, page 164.

tionner efficacement qu'à condition de posséder, à côté de lui, un corps
d'inspection toujours prêt à l'éclairer par des investigations opérées sur
les lieux mêmes ; s'il ne peut s'assurer par ce moyen de la réalité des faits
soumis à sa surveillance, s'il ne peut constater que les règles sont observées partout d'une manière uniforme, que les magasins sont en ordre,
que les recensements se font réellement et avec toutes les précautions
désirables, il se produira nécessairement pour le contrôle central une
incertitude fâcheuse et des tâtonnements qui le paralyseront; et l'on
pourra lui reprocher, comme on l'a fait pour la comptabilité des magasins, de fonder ses appréciations d'après des écritures, sur des bases mal
assurées, d'après des papiers plus ou moins exacts.

« La commission se borne à indiquer la nécessité d'un corps d'inspection, sans entrer dans les détails de l'organisation et de la composition de ce
corps ; elle mentionnera cependant certaines conditions qui lui paraissent
indispensables pour que l'institution puisse atteindre le but proposé : la
première, c'est que les membres qui en feront partie, soient absolument
indépendants de ceux qu'ils devront inspecter, qu'ils n'aient avec eux
aucune communauté d'intérêts, qu'ils n'aient rien à en craindre ni à en
espérer. Cette première condition implique la nécessité d'un corps se recrutant lui-même...

« La seconde condition est de donner à ces inspecteurs une autorité à
la hauteur du rôle qu'ils sont appelés à remplir. La loi doit les armer
assez puissamment pour leur permettre de briser les résistances, quelles
qu'elles soient. Il convient en outre d'éviter toute assimilation de grade,
pour ne pas affaiblir l'action de ces fonctionnaires et pour assurer à chaque
membre de l'inspection, quel que soit son rang hiérarchique, une autorité égale sur les contrôlés.

« Une troisième condition, c'est de retenir ce corps d'inspection auprès
du ministre, sous sa main, et non pas de le disperser, en assignant à
chaque inspecteur, à titre sédentaire, une circonscription déterminée; il
faut que ces fonctionnaires soient essentiellement mobiles, procèdent à
l'improviste, fassent dans les services de la guerre ce que fait si bien l'inspection des finances dans ceux de son département. »

Dans les séances des 13 et 17 juin 1873 des commissions réunies de la
réorganisation de l'armée et des marchés, M. le duc d'Audiffret-Pasquier
insistait encore avec force sur l'établissement d'un corps d'inspection
étranger à la perpétration des actes (1).

(1) *Discours de M. le duc d'Audiffret-Pasquier devant les commissions réunies de la
réorganisation de l'armée et des marchés*, page 44.

Enfin M. le général Chareton, dans son rapport sur la réorgànisation de l'armée, faisait de l'indépendance absolue du contrôle une des conditions essentielles de la constitution administrative. Puis, il ajoutait : « Nous n'entendons rien préjuger ici, messieurs, sur les attributions du contrôle, sur l'organisation et la situation de son personnel..... Il nous suffit d'en poser les bases et de vous dire, messieurs, que l'institution d'un corps spécial chargé du contrôle administratif, répond à un besoin réel, celui de rentrer dans les conditions normales d'une administration bien entendue, dans laquelle sont séparés la gestion, la direction et le contrôle, et où les responsabilités sont réelles et nettement définies.

« Votre commission militaire est en cela en parfaite communion d'idées avec votre commission des marchés et avec le Gouvernement (1). »

Il résulte de ces citations que tout le monde était d'accord sur la création d'un corps de contrôle complètement indépendant. Cette création fut posée en principe dans l'article 17 de la loi du 24 juillet 1873.

Principe de la création de ce contrôle, posé par l'article 17 de la loi du 24 juillet 1873.

Ce corps devait-il être formé d'éléments civils ou d'éléments militaires? M. Riant, qui avait exprimé ses préférences pour un contrôle civil dans son rapport sur les marchés, modifie en ces termes son opinion dans son rapport sur l'enquête du matériel (2) :

Le corps de contrôle doit-il être formé d'éléments civils ou d'éléments militaires ?

« Nous avons cru, dit-il, qu'avant d'introduire une révolution aussi radicale dans les traditions du département de la guerre, il était indispensable d'examiner si l'on ne pouvait constituer un contrôle efficace avec les éléments que possédait cette administration. Il nous a paru sage de ne bouleverser l'économie tout entière des institutions existantes, qu'autant que la nécessité impérieuse nous en serait démontrée. D'ailleurs, il ne faut pas se le dissimuler, l'introduction de l'élément civil dans une administration militaire aurait soulevé certaines résistances qu'il est plus sage d'éviter. Les contrôleurs civils, d'un autre côté, inexpérimentés des choses militaires, auraient dù faire un apprentissage peut-être long, avant d'exercer une action efficace sur des opérations, des détails et un personnel qu'ils n'auraient pas appris à connaitre. Cependant ces considérations, tout importantes qu'elles sont, ne nous auraient pas arrêtés, si nous n'avions pas été persuadés qu'on pouvait tirer parti des éléments militaires, par un meilleur emploi et par une nouvelle disposition de leurs forces. Nous étions convaincus, en outre, qu'il fallait respecter le principe de la responsabilité ministérielle vis-à-vis de la représentation nationale. Le

(1) Rapport de M. le général Chareton sur la réorganisation de l'armée, page 95.
(2) Rapport de M. Léon Riant sur l'enquête du matériel de la guerre, page 158.

ministre de la guerre responsable doit être libre de choisir dans le sein de l'armée les fonctionnaires chargés de l'aider à sauvegarder cette responsabilité. »

M. le duc d'Audiffret-Pasquier dit, à son tour, dans la séance du 17 juin 1873 des commissions de l'armée et des marchés : (1) « Nous avions demandé s'il n'y aurait pas lieu de soumettre l'armée à un contrôle civil. C'eût été innover profondément : on aurait superposé à l'administration militaire des hommes n'ayant aucune expérience de la guerre.

« Après avoir hésité sur ce point, nous n'avons pas tardé à découvrir que ce contrôle doit être militaire. »

C'est également l'avis de M. le général Chareton : (2) « Quelques membres de la commission, dit-il, avaient émis l'opinion que le contrôle devait être un corps indépendant du ministère de la guerre et rattaché au ministère des finances.

« Il n'a point semblé à votre commission qu'on pût aller jusque-là sans sortir des conditions constitutionnelles du Gouvernement. Le ministre de la guerre ne saurait, en effet, dépendre d'un de ses collègues et être soumis à son contrôle ; chacun d'eux a sa responsabilité propre devant le pays. »

Après l'avis exprimé par les autorités qui viennent d'être citées, la commission a pensé qu'il n'y avait pas lieu de reprendre l'idée du contrôle civil ; et c'est avec l'élément militaire qu'elle a cherché à composer le corps de l'inspection de l'administration de la guerre. De l'idée du contrôle civil, elle a retenu toutefois le principe que les membres de ce nouveau corps ne devaient avoir aucune assimilation de grade, afin que le contrôle de chacun d'eux pût toujours s'exercer dans toute sa plénitude.

Ce premier point réglé, la commission s'est occupée d'indiquer le rôle du corps de l'inspection, de définir ses attributions, de former son cadre, de déterminer son mode de recrutement.

Reproches faits à l'organisation actuelle du contrôle dans l'administration de la guerre. Ce qu'on a reproché jusqu'ici à l'organisation du contrôle dans l'administration de la guerre, c'est de faire surveiller les corps par les corps eux-mêmes, l'artillerie par l'artillerie, le génie par le génie, l'intendance par l'intendance. Pour l'artillerie, il est vrai, on avait fait dans une certaine mesure exception à la règle, en exigeant, pour certaines opérations, l'attache de l'intendance. Ainsi, l'instruction du 7 septembre 1856 prescrit

(1) *Discours de M. le duc d'Audiffret-Pasquier devant les commissions réunies de la réorganisation de l'armée et des marchés,* pages 54 et 55.
(2) **Rapport de M. le général Chareton sur la réorganisation de l'armée, page 95.**

au fonctionnaire de ce dernier corps d'apposer son visa sur les écritures des gardes d'artillerie, sur les pièces de comptabilité et sur les inventaires du matériel (art. 52 et 58). Pour le génie, l'instruction du 15 mars 1872 paraît vouloir également introduire le contrôle de l'intendance, en ménageant au bas du modèle de l'inventaire du matériel une place pour le *vu et vérifié* du sous-intendant. Quant aux services administratifs, on avait reconnu en 1856 la nécessité de faire surveiller les actes des fonctionnaires qui les dirigeaient, et l'on avait créé dans ce but les intendants généraux inspecteurs. Malheureusement, ces essais de perfectionnement n'avaient pas porté tous les fruits qu'on en attendait. L'action de l'intendance sur l'artillerie était incomplète : elle était nulle sur le génie, qui n'entendait tolérer aucune immixtion dans ses affaires. Enfin, l'institution des intendants généraux ne répondait pas à l'objection faite si souvent à l'intendance de former un corps se contrôlant lui-même.

Aux imperfections qui résultent de cette constitution, il faut ajouter, pour le contrôle, les causes d'affaiblissement qui sont la conséquence des nouvelles institutions militaires. La décentralisation des pouvoirs du ministre, l'attribution aux généraux commandant les corps d'armée de la direction générale des services placés dans la région et dépendant de leur corps d'armée, la subordination des fonctionnaires de l'intendance qui jusqu'ici avaient pu, dans leur indépendance, exercer le contrôle sur les actes des commandants eux-mêmes, toutes ces réformes ont produit une lacune considérable dans l'institution chargée d'assurer l'observation des règles, l'exécution du budget et la protection de la responsabilité ministérielle.

C'est pour combler cette lacune, pour faire tomber les reproches adressés à l'ancienne organisation du contrôle, que la commission propose la création de l'inspection de l'administration de la guerre. Ce corps doit être placé au-dessus de tous les services, avec l'autorité la plus étendue pour exercer ses investigations sur tout acte entraînant dépense en deniers comme en matières. Il pénètre dans les arsenaux, se fait ouvrir les magasins, vérifie les caisses, compte les hommes, examine les écritures, fait, en un mot, toutes les constatations et recueille tous les renseignements nécessaires pour établir la réalité et l'exactitude des faits, et pour éclairer le ministre sur toutes les parties de l'administration. Il n'intervient pas dans la marche des services : il ne déplace aucune responsabilité ; il ne substitue son autorité à celle des administrateurs et des comptables dans aucun des actes de la direction et de la gestion. Son contrôle est comme une sorte de miroir où les faits viennent se réfléter tels qu'ils sont, où

Affaiblissement du contrôle résultant de la subordination des directeurs des services au commandement.

Création de l'inspection de l'administration de la guerre.

la vérité doit apparaître avec netteté pour guider le ministre dans les résolutions qu'il doit prendre.

Le corps de l'inspection est sous les ordres directs et immédiats du ministre.

Il a son centre au ministère.

Les inspecteurs sont employés, soit dans ce centre même, soit sur toute l'étendue du territoire.

Attributions des inspecteurs de l'administration de la guerre. Au ministère, ils centralisent les travaux du corps de l'inspection, en placent les résultats sous les yeux du ministre, ainsi que la suite donnée aux ordres que celui-ci aurait formulés en conséquence de leurs observations. Il est indispensable d'assurer aux inspecteurs le droit de communiquer sans intermédiaire au chef suprême de l'administration de la guerre les renseignements et les observations qu'ils pourront recueillir. Il n'est pas moins essentiel de leur donner le moyen d'empêcher que ces observations ne soient négligées et mises en oubli.

La commission avait songé à insérer dans le projet une disposition expresse à cet égard ; mais elle a pensé que ces prescriptions de détail seraient mieux placées dans le règlement à intervenir.

Les attributions des inspecteurs, au ministère, consistent encore à examiner les questions de contrôle, de contentieux et autres, dont l'étude leur serait confiée par le ministre.

En dehors du ministère, ils exercent le contrôle, comme le ferait le ministre lui-même. Ils procèdent par des vérifications de pièces et par des inspections inopinées. Ils se présentent sans avis préalable à l'autorité militaire qui, sur leur demande, donne les ordres pour les revues d'effectif et nomme des commissions d'officiers chargés de les assister dans les recensements de magasins. A cet égard, on a cru bon de consacrer dans la loi le système employé en 1872 dans le recensement général du matériel de la guerre. C'est grâce au concours des commissions d'officiers qu'on a pu constater en trois mois l'existence des armes, matières et approvisionnements de toute espèce qui appartenaient à l'armée. Ces commissions constituent un instrument précieux qui devra être mis à la disposition des inspecteurs, lorsque ceux-ci le demanderont.

C'est au moyen de ces inspections sur place et des vérifications sur pièces que le corps de contrôle constate la manière dont fonctionnent les services, quelles sont les améliorations à y introduire, comment le personnel de direction et d'exécution s'acquitte de ses devoirs administratifs. En ce qui concerne ce personnel, il ne substitue pas son action à celle des **inspecteurs généraux des diverses armes qui restent chargés de constater** les mérites de chacun et ses titres à l'avancement. Il se borne à donner au ministre des renseignements dont celui-ci pourra faire tel usage qu'il croira convenable.

En temps de guerre, les fonctions des inspecteurs de l'administration ne pourront être, auprès des armées, absolument les mêmes que celles exercées en temps de paix sur le territoire. Elles ne peuvent être définies avec précision dans la loi. Il convient de laisser au ministre toute latitude pour employer les membres de l'inspection de la manière qu'il croira le plus utile aux intérêts de l'État. Le projet s'est donc contenté d'indiquer que ces fonctionnaires rempliraient en temps de guerre, auprès des armées, toutes les missions dont le ministre jugerait à propos de les charger. *Fonctions des inspecteurs de l'administration en temps de guerre.*

Telles sont les principales attributions qu'on est d'avis de conférer au corps de contrôle.

Ces attributions, qui s'exercent au point de vue financier, ne font pas double emploi avec celles des inspecteurs généraux d'armes dont l'objet est presque exclusivement militaire. Tandis que les unes ont pour but de protéger le budget, les autres doivent assurer l'unité de tenue, d'instruction et de discipline, le bon état de l'armement, tout ce qui concerne, en un mot, le fonctionnement technique de l'armée. Les inspecteurs de l'administration se bornent à constater les faits et à avertir le ministre. Les inspecteurs d'armes donnent, au besoin, des ordres et participent à la direction. *Différences entre les attributions des inspecteurs de l'administration et celles des inspecteurs généraux d'armes.*

Bien que les fonctions soient différentes par le but à atteindre et par la manière de procéder, il est certain que les inspecteurs généraux d'armes, qui ont formé jusqu'ici toute l'inspection, joignent actuellement à leurs attributions principales des attributions qui sont plus spécialement du domaine du contrôle. Il conviendra d'en faire la départition et d'assigner à chacun ce qui lui appartient. Ce sera l'œuvre du règlement.

Ici s'est posée la question de savoir comment le corps de contrôle devait être organisé. Devait-il être sédentaire? Devait-il être mobile? Devait-il être établi à poste fixe dans chaque région de corps d'armée, centraliser tous les actes administratifs, vérifier tous les comptes et rayonner de sa résidence sur tous les points de sa circonscription, afin de reconnaître sur les lieux mêmes l'exactitude des faits et des chiffres consignés dans les écritures? Devait-il au contraire fonctionner à l'exemple des anciens *missi dominici*, comme le fait le corps de l'inspection des finances, sans résidence déterminée, tombant à l'improviste dans un magasin ou auprès d'un corps de troupes, chez un directeur de service ou chez un gestionnaire, ne vérifiant pas tous les comptes ni les comptes tout entiers, mais portant ses investigations là seulement où il le croirait utile? *Organisation du corps de contrôle.*

Premier système :
contrôle sédentaire
doublant le contrôle
des directeurs des
services.

Le premier système aurait l'avantage d'être plus complet, de soumettre chaque acte administratif, chaque opération de comptabilité au contrôle d'un fonctionnaire indépendant. Mais il aurait l'inconvénient de faire double emploi, dans une certaine mesure, avec le contrôle des directeurs des services. Il exigerait probablement aussi un personnel considérable. En effet, pour que ce contrôle pût produire tous ses fruits, il devrait suivre les opérations jour par jour. Il faudrait donc imposer aux gestionnaires et aux directeurs le devoir d'envoyer quotidiennement à l'inspecteur les pièces qui les constatent. Celui-ci, de son côté, devrait les examiner, en reconnaître la régularité, les enregistrer. S'il concevait quelque doute, il devrait aller vérifier sur place les points qui auraient éveillé ses soupçons. Pour suffire à ces devoirs multiples, il aurait besoin, indépendamment des inspecteurs sous ses ordres, de bureaux installés, pourvus des employés nécessaires. Et ce personnel atteindrait un chiffre important, puisqu'il devrait tenir, pour le contrôle, les écritures déjà tenues dans les divers services de l'artillerie, du génie, de l'intendance, par les directeurs de ces services. Il devrait, en outre, procéder à la vérification de tous les comptes qui seraient adressés à l'inspecteur par ces directeurs.

En cas de mobilisation, ce personnel devrait recevoir un nouvel accroissement, pour suivre à la fois les opérations administratives auprès des corps d'armée et sur le territoire, et pour vérifier toutes les pièces et tous les comptes qui seraient transmis aux bureaux de la région par les administrateurs et par la partie de l'inspection placée près des troupes actives. L'obligation de rédiger les pièces destinées au contrôle n'aurait-elle pas elle-même l'inconvénient, en campagne, de compliquer les écritures et d'augmenter la tâche des agents des services, et ne devrait-on pas souvent, par la force des circonstances, enfreindre les règles et interrompre le fonctionnement régulier du système ?

D'un autre côté, si le contrôle devait être sédentaire, on a exprimé la crainte que le contact permanent de l'inspecteur et du général commandant le corps d'armée n'exerçât une influence fâcheuse sur l'indépendance du premier. On a prétendu qu'il serait difficile au fonctionnaire du contrôle de se soustraire à l'ascendant d'un chef militaire considérable, qu'obligé de vivre côte à côte avec ce haut personnage, il s'appliquerait à ne pas irriter ses susceptibilités, à éviter tout ce qui pourrait troubler l'harmonie des relations, dût-il se relâcher parfois de la sévérité de sa mission. S'il n'agissait pas ainsi, il devrait se résigner à un état d'hostilité continuel ; il se ferait une situation intolérable.

Il ne serait pas impossible d'échapper à ce dernier inconvénient, en plaçant la résidence du commandant de corps d'armée et celle de l'inspecteur dans deux villes différentes. On rendrait ainsi le contact moins fréquent et l'on supprimerait une partie des causes qui peuvent entamer l'indépendance du fonctionnaire du contrôle. On peut se demander, toutefois, si le fonctionnement du service s'accommoderait de cet éloignement des bureaux de l'inspection, si, au contraire, il ne serait pas indispensable pour la prompte expédition des affaires et la sûreté du contrôle, de placer ces bureaux le plus près possible de ceux des directeurs des services.

En admettant qu'il fût impossible de séparer ces bureaux, on pourrait atténuer les conséquences du voisinage, en déplaçant fréquemment les inspecteurs.

Quoiqu'il en soit, et malgré l'objection qui précède, il n'est pas douteux qu'on ne puisse constituer, avec le premier système, un contrôle local effectif et puissant. Il serait analogue à celui de l'intendance et procéderait avec les mêmes détails, mais avec plus de liberté, puisqu'il serait dans les mains de fonctionnaires entièrement indépendants du commandement : il n'aurait pas toutefois l'action considérable que donne à l'intendance le droit d'ordonnancement.

Sauf l'absence de ce droit, il viendrait doubler la surveillance administrative des directeurs des services. Il aurait, comme celle-ci, l'œil ouvert sur toutes les opérations des gestionnaires ; il observerait en outre tous les actes de la direction, et donnerait immédiatement avis au ministre de tout ce qui sortirait de l'ordre régulier. Les avantages qu'il apporterait sont incontestables ; malheureusement, on peut lui faire deux reproches sérieux : la complication des écritures et le doublement du personnel des bureaux administratifs. On ne peut songer à appliquer ce système, sans accepter d'avance une dépense considérable.

Cette dépense est-elle nécessaire ? Est-il véritablement utile de faire passer toutes les opérations, dans leurs plus infimes détails, par l'action de deux contrôles similaires ? Les faits de la gestion ne sont-ils pas suffisamment surveillés par la direction, et n'a-t-on pas une garantie efficace dans la responsabilité distincte et l'antagonisme des intérêts du directeur et du gestionnaire ? Ce qu'il importe de suivre et d'observer, n'est-ce pas surtout la direction, la façon dont elle fait respecter les règles, ménage les deniers publics, exerce la surveillance ? Et n'est-il permis d'atteindre ce but qu'en refaisant tout ce qu'elle a déjà fait elle-même ? Il est évident qu'en superposant les contrôles, on augmente les garanties de régularité. Mais il ne faut pas exagérer ce principe ; autrement, on devrait instituer un agent pour contrôler chaque contrôleur et étendre à l'infini le

Inspection cantonnée dans la région du corps d'armée, mais mobile dans les limites de cette circonscription.

12

personnel du contrôle. Il est vrai que le système d'une inspection séden-taire peut être ramené à des conditions plus simples. On peut circonscrire la tâche du contrôle dans des limites raisonnables, sans paralyser son action. On peut le maintenir dans une sphère plus générale, sans lui enlever les moyens de surveiller la direction, de suivre et de vérifier l'emploi des deniers et la consommation des matières. Au moyen de documents dont il y aurait lieu d'étudier la forme, on pourrait fournir à chaque inspecteur les renseignements suffisants pour lui donner une idée d'ensemble sur la marche des services et lui permettre de juger les points qui appelleraient plus spécialement ses vérifications. Instruit par cette première étude, il irait inspecter sur place, passer la revue des effectifs, recenser les approvisionnements, vérifier les écritures. Il exercerait ce contrôle inopiné, qui doit être le plus puissant de ses moyens d'action, qui est comme une menace constante suspendue sur les abus, qui doit tenir constamment en alerte les directeurs et les comp-tables. Cette organisation n'exigerait pas l'installation de bureaux dispen-dieux et pourrait fonctionner rigoureusement avec le seul personnel de l'inspection.

Inspection mobile. Réduit à ces termes, le système qui repose sur l'idée d'une inspection cantonnée dans la région du corps d'armée, se rapproche sensiblement du second système qui veut une inspection essentiellement mobile, sans résidence déterminée. Dans ces deux systèmes, en effet, les inspecteurs peuvent procéder d'une manière identique. Ils font de même leurs tour-nées à l'improviste et peuvent être éclairés par les mêmes documents. La seule différence consiste en ce que le premier projet établit dans la région le poste où sont adressés ces documents et d'où rayonnent les inspec-teurs ; et que le second place auprès du ministre lui-même ce centre de rayonnement. Dans ce dernier système, les fonctionnaires du contrôle échappent entièrement à l'influence du commandement avec lequel ils n'ont de relations que dans le cours de leurs tournées ; ils échappent également à l'influence qui peut résulter d'un séjour permanent près des directeurs des services. Ils ont, par conséquent, une indépendance plus grande pour l'exercice de leurs fonctions.

Question de la ré-sidence réservée. Là commission n'a voulu introduire dans la loi aucune disposition qui engageât la question de la résidence. Elle s'est bornée à indiquer que le ministre déléguerait, pour une ou plusieurs régions, un inspecteur général de l'administration de la guerre, et que ce fonctionnaire serait assisté, suivant les besoins, d'un ou de plusieurs inspecteurs.

Organisation des inspecteurs par grou-pes. Elle croit que le meilleur moyen d'utiliser ces fonctionnaires consiste à les grouper, de manière à réunir sous un inspecteur général toutes les compétences et tous les degrés d'activité. Dans la préparation du cadre, on a calculé que chaque groupe comprendrait en moyenne un inspecteur général et trois inspecteurs ; que, dans l'intérieur, on constituerait un groupe pour trois corps d'armée, soit 6 groupes pour les 18 corps, plus un groupe pour l'Algérie, un groupe pour Paris, un autre pour Lyon et un dernier groupe pour le ministère. On composerait ces groupes suivant les régions et suivant la nature et l'importance des établissements qui y seraient contenus, en ayant soin d'avoir toujours des inspecteurs d'une aptitude spéciale pour la vérifications des grands services spéciaux.

La commission, après avoir examiné le rôle et l'organisation de l'inspection, a dû s'occuper de son recrutement. Il est de la plus grande importance de choisir avec soin les éléments qui doivent concourir à la formation de ce nouveau corps, si l'on ne veut l'atteindre dans son germe et le condamner à la stérilité et à l'impuissance. *Recrutement de l'inspection de la guerre.*

Deux conditions sont essentielles pour assurer le bon fonctionnement de l'inspection : l'indépendance de ses membres et leur aptitude aux attributions de contrôle qu'ils doivent exercer. Sur ce point, les opinions sont d'accord. Mais, si l'on est unanime sur le principe, on ne tarde pas à se diviser sur la façon de l'appliquer. La commission a eu à se prononcer entre deux principales opinions.

La première veut faire de l'inspection un couronnement de carrière. On la recruterait parmi les intendants militaires et les généraux des diverses armes. Des inspecteurs, pris parmi les grades les plus élevés de l'armée et de l'administration, auraient certainement l'indépendance que l'on recherche. Arrivés à l'apogée de leur carrière, ils n'auraient plus à se préoccuper de questions d'avancement, ne seraient influencés par aucun intérêt personnel et n'auraient d'autre ambition que de bien remplir leurs fonctions de contrôle. *Opinion qui veut faire de l'inspection un couronnement de carrière.*

Ils seraient compétents, puisque leur vie se serait écoulée dans la pratique des affaires qu'ils seraient appelés à vérifier.

Ils posséderaient enfin une qualité non moins précieuse, l'autorité, qu'ils puiseraient dans leur ancien grade et que peut seule donner, aux yeux de l'armée, une situation élevée dans la hiérarchie militaire.

La seconde opinion n'admet pas que l'inspection soit un couronnement de carrière. Elle ne trouve, dans les membres de l'inspection recrutés comme il vient d'être exposé, ni l'aptitude ni l'indépendance telles qu'elle l'entend. *Objections formulées contre ce système.*

L'aptitude ne consiste pas uniquement dans la connaissance des affaires, mais aussi dans les qualités physiques et morales réclamées par la nature du service.

Les fonctions d'inspecteur sont des fonctions essentiellement actives, qui obligent à une mobilité incessante, à des déplacements continuels, ceux qui en sont chargés. Les investigations seront souvent pénibles et descendront dans des détails fastidieux. N'y a-t-il pas lieu de craindre que les généraux et les intendants, après une longue vie de fatigues dans l'administration et dans l'armée, ne puissent se plier à toutes les exigences de cette existence ambulante ? N'est-il pas permis de douter de leur ardeur, lorsqu'il s'agira de dépouiller des livres ou de vérifier des écritures ?

Enfin, sans contester leur compétence, on ne peut méconnaître que le contrôle exige des aptitudes spéciales, qui n'ont souvent rien de commun avec celles de l'administrateur. On ne peut pas nier davantage que l'éducation professionnelle ne soit dans ce service aussi utile que dans tous les autres.

Au point de vue de l'indépendance du contrôle, ce mode de recrutement peut encore prêter à la critique. Lorsque la loi du 24 juillet 1873 a prescrit la création d'un contrôle indépendant, elle a voulu mettre fin au système qui avait prévalu jusqu'à ce jour, et suivant lequel les corps s'étaient toujours contrôlés eux-mêmes. Serait-ce remplir le vœu de la loi que de continuer, comme par le passé, à faire contrôler l'artillerie, le génie et l'intendance par les généraux inspecteurs de l'artillerie et du génie et les intendants généraux, réunis sous le titre nouveau d'inspecteurs de l'administration de la guerre ?

L'autorité que donnerait à l'inspection le grade des officiers généraux et des intendants dont elle serait composée, aurait certainement un grand prix. Mais il n'est pas moins certain qu'avec un corps ainsi formé, il faudrait tout un personnel auxiliaire pour remplir une partie des attributions que l'article 55 confère aux inspecteurs. Les officiers généraux et les intendants, devenus contrôleurs, auraient quelque peine à quitter les hautes régions où ils se tiennent, pour s'abaisser à des détails qui ne seraient en rapport ni avec leurs habitudes, ni avec leur situation hiérarchique. Leur rôle se réduirait le plus souvent à appuyer de leur nom ou de leur présence des vérifications qu'ils feraient opérer par des subordonnés. Ils rendraient sans doute de véritables services par cette simple intervention ; à la condition, toutefois, d'avoir sous leurs ordres un personnel jeune, actif, capable, présentant des garanties égales à celles qu'ils devraient présenter eux-mêmes. Où prendre ce personnel? Dans un corps inférieur d'employés ou dans le propre corps de l'inspection, parmi des inspecteurs d'un grade moins élevé? La réponse ne semble pas douteuse, et l'on est amené, par la force des choses, à constituer dans l'inspection une hiérarchie et à en faire occuper les derniers degrés par des hommes moins considérables et plus jeunes. On cherche en vain, dans le premier système, comment il sera pourvu au recrutement de ces inspecteurs.

Le second système repose sur une idée entièrement différente. Il recrute le corps non par la tête, mais par la base. Il prend des officiers de l'armée dans la force de l'âge, leur fait subir un concours, les admet au dernier rang et les oblige à parcourir successivement tous les échelons avant de leur permettre d'arriver à la situation d'inspecteur général. Le grade exigé pour concourir aux épreuves de l'inspection, est celui de capitaine. Pris dans cette situation, les candidats réaliseront les conditions d'activité désirables et auront une connaissance des habitudes militaires suffisante pour exercer le contrôle sous la direction de chefs expérimentés. Ils devront être choisis dans les différentes armes, suivant les besoins, d'après des conditions qui seront déterminées par un règlement ministériel, de manière à avoir pour chaque service des inspecteurs compétents. Leur aptitude sera constatée par les épreuves d'admission; leur indépendance sera assurée par la rupture de tout lien avec leurs anciens corps, par la carrière nouvelle qui leur sera ouverte sous la seule autorité du ministre et de leurs chefs hiérarchiques. Pour stimuler l'émulation des membres de l'inspection, l'avancement n'aura lieu qu'au choix, d'après les listes de classement dressées par les inspecteurs généraux.

Opinion qui veut recruter l'inspection non par la tête, mais par la base.

De cette façon, on aura des fonctionnaires capables de suffire à tous les devoirs de l'inspection. Les inspecteurs généraux, mûris par l'expérience, pourvus d'une haute situation, auront l'autorité nécessaire pour exercer le contrôle sur les actes des chefs militaires les plus élevés : sous leurs ordres, les simples inspecteurs rempliront les missions qui demandent plus d'activité et imposent plus de travail.

La majorité de la commission, touchée par ces considérations, a exprimé ses préférences pour ce dernier système, et en a consacré les principes dans l'article 57 du projet de loi.

La commission s'est prononcée pour ce dernier système.

Elle a donc écrit que le recrutement s'opérerait, par la voie du concours, parmi les capitaines de toutes armes ayant au moins quatre années de grade.

On a constitué la hiérarchie de l'inspection, en établissant quatre classes

Hiérarchie du corps de l'inspection.

d'inspecteurs et une classe d'adjoints. La proportion de l'effectif de chaque classe a été calculée de manière à ménager un avancement suffisant.

Règles pour la première formation du corps. Enfin, pour compléter cet ensemble de dispositions, l'article 57 a formulé les règles qui devaient présider à la première formation du corps. Ces règles sont les suivantes :

Les inspecteurs généraux de 1re classe seront recrutés parmi les généraux de division ou les intendants généraux inspecteurs ;

Les inspecteurs généraux de 2e classe parmi les généraux de brigade et les intendants militaires ;

Les inspecteurs de 1re classe parmi les colonels et les sous-intendants militaires de 1re classe ;

Enfin les inspecteurs de 2e classe parmi les lieutenants-colonels ou les sous-intendants militaires de 2e classe et, à défaut, parmi les chefs de bataillon et d'escadron et les adjoints de 1re classe portés au tableau d'avancement.

On a cherché à recruter ces différents inspecteurs parmi les fonctionnaires et les officiers qui offraient les conditions de grade et d'aptitude en rapport avec la situation qu'ils étaient appelés à occuper dans l'inspection.

Honneurs, préséances et limite d'âge des inspecteurs de l'administration de la guerre. Il n'appartenait pas à la loi de régler les honneurs et préséances ainsi que la limite d'âge des inspecteurs de l'administration de la guerre. On a laissé ce soin à un décret spécial.

TITRE VI

La loi n'a pu poser que des principes généraux. Il est réservé à un règlement d'administration publique et à des règlements ministériels de pourvoir à l'application de ces principes et de constituer dans tous leurs détails l'organisation des services.

La loi sera complétée par des règlements d'administration publique et des règlements ministériels.

Toutes les dispositions des lois, ordonnances et règlements antérieurs subsistent en tout ce qui n'est pas contraire à la présente loi.

Tel est, Monsieur le Ministre, l'ensemble du projet que la commission a cru devoir adopter, après une étude et des discussions qui n'ont pas duré moins de sept mois.

Conclusion.

Liée par la loi du 24 juillet 1873 qui a posé les principes généraux sur lesquels devait être reconstituée l'administration militaire, elle a cherché à faire de ces principes une application sincère, résolue à ne pas aller plus loin que cette loi, mais aussi à ne pas s'écarter du chemin qu'elle avait tracé. Elle a évité les systèmes absolus qui auraient abouti au *statu quo*, à l'émiettement de l'administration, à la destruction de l'unité du pouvoir et de la responsabilité ministérielle. Elle a essayé de concilier les justes prétentions du commandement avec les exigences de l'autorité du ministre et le respect du budget. Elle s'est efforcée de régler les relations des officiers généraux et des directeurs des services, de manière à assurer les droits des uns sans entraver les autres dans l'accomplissement de leurs devoirs.

Elle a respecté l'organisation de l'intendance, dont elle n'a modifié ni la constitution, ni le recrutement. Elle n'a fait que consacrer l'article 17 de la loi du 24 juillet 1873, en reproduisant la disposition qui la subordonne aux généraux commandants, pour tous les services dépendant des corps d'armée. Quant aux attributions elles-mêmes de ce corps, elles ont été maintenues dans leur ensemble. La direction des services administratifs, l'ordonnancement des dépenses qui s'y rapportent, le contrôle local, continuent à rester entre ses mains. Ce contrôle, il est vrai, dans les corps d'armée, ne s'exerce plus sous l'autorité exclusive et immédiate du ministre, puisqu'il est destiné à garantir la responsabilité des généraux aussi bien que les intérêts du Trésor. Mais il n'en reste pas moins une des principales attributions des fonctionnaires de l'intendance. Sur deux points toutefois, des modifications importantes ont été apportées : la direction de l'administration intérieure des corps de troupes a été donnée aux chefs de ces corps ; la direction des établissements hospitaliers a été remise aux médecins. L'intendance n'exerce plus de tutelle sur les affaires intérieures du régiment qu'elle se borne à contrôler. Elle ne dirige plus les hôpitaux et les ambulances, sur les dépenses desquels elle conserve cependant la surveillance la plus étroite. La commission a cru possible, sans compromettre les intérêts du budget, de donner satisfaction, dans une juste mesure, aux réclamations souvent renouvelées en faveur des chefs de corps et des médecins.

La principale réforme introduite par le projet est la création du corps de l'inspection de l'administration de la guerre. Cette création répond au vœu de l'opinion, au désir énergiquement exprimé, à diverses reprises, dans le sein de l'Assemblée; à la nécessité de fortifier le contrôle local, affaibli par la subordination au commandement des directeurs des services des corps d'armée. Elle vient compléter la constitution du contrôle et donner au ministre l'arme dont il a besoin pour maintenir partout l'observation des règles et faire respecter son budget. On s'est efforcé de l'organiser de manière à en faire non pas un contrôle de parade, un corps majestueux et impuissant, mais une institution active, vivante et forte.

Les problèmes que la commission avait à résoudre étaient des plus graves et des plus ardus. Elle les a étudiés avec soin, de sang-froid, sans parti pris, en s'isolant des passions et des intérêts. Les solutions qu'elle propose peuvent être contestées. Elle n'a pas la prétention d'être infaillible. Mais, si elle s'est trompée, elle a tenu à indiquer loyalement l'enchaînement des raisons qui peuvent légitimer son erreur. Elle a tenu à expliquer chacune des dispositions adoptées, à en préciser le sens, à en donner le motif. Elle a fait une œuvre dont on pourra critiquer le mérite, mais dont on ne pourra méconnaître l'honnêteté.

Le rapporteur de la commission,

LÉON BOUCHARD.

PROJET DE LOI

SUR L'ADMINISTRATION DE L'ARMÉE

TITRE Ier

Dispositions générales.

Art. 1er.

Le ministre de la guerre est le chef responsable de l'administration de l'armée.

Tout acte administratif ne peut avoir lieu qu'en vertu de ses ordres directs ou d'une délégation qu'il fait de ses pouvoirs.

Art. 2.

L'administration de l'armée a pour objet :

De pourvoir à tous les besoins matériels de l'armée;

De fournir les moyens nécessaires à la défense du territoire;

D'assurer le bon emploi des ressources mises, à cet effet, à la disposition du ministre de la guerre par les lois annuelles de finances.

Art. 3.

L'administration de l'armée est organisée par région de corps d'armée.

L'administration des corps d'armée actifs est constituée de la même manière en temps de paix et en temps de guerre.

13

Art. 4.

Dans chaque région de corps d'armée, l'administration de l'armée se divise en deux parties distinctes et séparées l'une de l'autre :

La première, placée sous l'autorité et la direction immédiate du ministre, comprend : les établissements spéciaux destinés à assurer la défense générale du pays ou à pourvoir aux services généraux des armées.

La seconde, placée sous l'autorité et la direction du général commandant le corps d'armée, comprend : les troupes du corps d'armée et leurs réserves, l'armée territoriale et sa réserve, les établissements et services territoriaux autres que ceux indiqués ci-dessus.

Art. 5.

L'administration de l'armée fonctionne au moyen d'un personnel réparti sur le territoire, dans les corps d'armée, divisions, brigades et corps de troupes, et au moyen de l'administration centrale de la guerre.

Le personnel de cette administration centrale n'a aucune autorité propre; il ne peut agir officiellement qu'en vertu d'une délégation spéciale et expresse du ministre.

Art. 6.

L'administration générale comprend trois services :
Le service de l'artillerie ;
Le service du génie ;
Le service de l'intendance.
Dans chacun de ces services, l'action administrative se divise en trois parties distinctes :
La direction ;
La gestion ou exécution;
Le contrôle.

Art. 7.

Dans les services de l'artillerie, du génie et de l'intendance, la direction consiste : à prévoir les besoins; à donner les ordres pour y pourvoir ; à surveiller l'exécution de ces ordres ; à ordonnancer et à liquider les dépenses qui en sont la conséquence, et enfin à assurer l'observation des lois et règlements administratifs.

Elle est exercée :

1° Sous l'autorite immédiate du ministre, dans les établissements et services spéciaux dont le ministre s'est réservé l'administration ;

2° Sous l'autorité des généraux commandant les corps d'armée, dans les corps d'armée, divisions, brigades et services territoriaux autres que ceux indiqués ci-dessus.

Elle appartient, pour les services de l'artillerie et du génie aux officiers directeurs de ces armes ; pour le service de l'intendance, aux fonctionnaires de l'intendance.

En ce qui concerne les corps de troupes, les établissements considérés comme tels et les établissements du service hospitalier, la direction de l'administration intérieure est soumise à des règles spéciales déterminées par le titre IV de la présente loi.

ART. 8.

La délégation des crédits est faite directement par le ministre aux officiers et fonctionnaires, directeurs des services, pour les établissements et services spéciaux qui font l'objet du titre II de la présente loi.

Dans les corps d'armée, cette délégation est faite, en temps de paix, par le ministre aux officiers et fonctionnaires directeurs des services du corps d'armée, sur l'exposé des besoins présenté par le général commandant. Elle leur est transmise par cet officier général.

En temps de guerre, la délégation des crédits est faite, pour tous les services des armées en campagne, à l'intendant de chaque armée, qui sous-délègue tout ou partie desdits crédits aux officiers et fonctionnaires directeurs des services des corps d'armée, sur l'ordre du général en chef et sur la demande des commandants des corps d'armée.

ART. 9.

L'ordonnancement des dépenses est attribué :

Dans les services de l'artillerie et du génie, aux directeurs de ces services et aux chefs des établissements sous leurs ordres, auxquels ils peuvent sous-déléguer tout ou partie de leurs crédits ;

Dans les services de l'intendance, aux intendants militaires directeurs des services et aux fonctionnaires de l'intendance sous leurs ordres, auxquels ils peuvent également faire la sous-délégation indiquée ci-dessus.

ART. 10.

La surveillance administrative est exercée sur place et d'une manière permanente par les directeurs des services et leurs délégués, sous leur propre responsabilité, et sous l'autorité du ministre, pour les établissements et services spéciaux qui font l'objet du titre II, ou sous celle du général commandant, pour les services du corps d'armée.

ART. 11.

La gestion consiste à réunir, recevoir, transformer, conserver et distribuer tous les objets nécessaires à l'entretien de l'armée et à la défense du pays, et enfin à justifier de l'emploi des deniers et matières.

Elle est confiée, dans les services de l'artillerie et du génie, à des conseils d'administration ou à des officiers de ces armes, dont les fonctions sont alors incompatibles avec celles de directeur de ces services ou des établissements qui en dépendent; dans les services de l'intendance, aux comptables des établissements, qui, à ce titre, sont assujettis à un cautionnement, ou à des conseils d'administration responsables.

ART. 12.

Les services sont exécutés, soit en gestion directe, soit à l'entreprise.

Les moyens employés pour réunir les approvisionnements sont :

Les adjudications publiques ;

Les marchés de gré à gré ;

Les achats à commission ;

La réquisition, dans les cas de force majeure et en temps de guerre.

ART. 13.

Dans les services de l'intendance, toute réception de fournitures, devant être emmagasinées, est faite par une commission, dans la composition de laquelle entrent des officiers des armes ou des corps de troupes auxquels ces fournitures sont destinées, et le comptable du service.

Dans les services de l'artillerie et du génie, ces réceptions sont faites par des commissions spéciales.

En temps de guerre, il peut être dérogé à ces prescriptions.

ART. 14.

Le contrôle a pour objet d'assurer le bon emploi des ressources du budget de la guerre.

Il consiste à examiner et à juger tous les actes administratifs.

Il est exercé par un personnel qui ne participe à aucun des actes de la direction et de la gestion et ne relève que du ministre.

TITRE II

Administration des établissements et services spéciaux.

ART. 15.

Les établissements et services spéciaux mentionnés au deuxième paragraphe de l'article 4 de la présente loi et placés, par l'article 14 de la loi du 24 juillet 1873, sous l'autorité directe du ministre, seront désignés par un règlement à intervenir.

ART. 16.

Les officiers et fonctionnaires directeurs des établissements et services spéciaux sont sous les ordres du ministre et correspondent directement avec lui.

TITRE III

Administration des armées, corps d'armée, divisions et brigades.

ART. 17.

L'administration des armées, corps d'armée, divisions et brigades, a pour objet :

1° De pourvoir aux besoins du service courant ;

2° De veiller à ce que les approvisionnements des magasins de corps d'armée soient au complet déterminé par le ministre, en bon état d'entretien et disponibles pour l'entrée en service.

Art. 18.

Le service courant est assuré par les magasins de corps d'armée, par les ressources locales et, suivant les ordres du ministre, par les établissements du service général.

Les magasins des corps d'armée sont alimentés : soit à l'aide d'envois faits par les magasins généraux ou les centres de production, soit à l'aide de marchés sur place ordonnés par le ministre.

Art. 19.

Les magasins de corps d'armée sont, conformément à l'article 9 de la loi du 24 juillet 1873, répartis dans la région de manière que le matériel de toute nature nécessaire à la mobilisation soit constamment à la portée des troupes.

Art. 20.

Le commandant du corps d'armée exerce, sous sa responsabilité, la direction et la surveillance générales de l'administration de son corps d'armée.

La direction générale consiste :

1° A prévoir et à exposer au ministre les besoins du corps d'armée ;

2° A donner l'ordre de pourvoir et de distribuer suivant les besoins et les ressources, et dans la limite des règlements et des allocations budgétaires.

La surveillance générale consiste à s'assurer :

1° Que les magasins des corps d'armée renferment constamment le complet des approvisionnements prescrits ;

2° Que les troupes du corps d'armée sont pourvues de tout ce qui leur est alloué par les règlements et les décisions ministérielles ;

3° Que les lois et règlements administratifs sont observés.

Art. 21.

En temps de paix comme en temps de guerre, les généraux commandant les corps d'armée ne peuvent, en dehors des cas prévus par les ordonnances, décrets et règlements, prescrire aucune mesure pouvant entraîner des dépenses pour l'État, sauf dans des circonstances urgentes ou de force majeure.

Ils doivent, dans ce cas, donner leurs ordres par écrit sous leur responsabilité.

Ils en rendent compte immédiatement au ministre et adressent copie de ces ordres à l'inspecteur général d'administration chargé du contrôle de leur corps d'armée.

Art. 22.

Les officiers et fonctionnaires chargés de la direction sont, en vertu de l'article 17 de la loi du 24 juillet 1873, placés sous les ordres du général commandant le corps d'armée.

Ils sont obligés, en temps de paix comme en temps de guerre, de déférer, après observations, aux ordres écrits que le général leur donne ainsi qu'il est dit à l'article précédent.

Ils sont responsables vis-à-vis du ministre de toute mesure entraînant une dépense excédant les crédits ou non prévue par les règlements, pour l'exécution de laquelle l'ordre écrit mentionné ci-dessus ne leur aurait pas été délivré.

Ils sont tenus de transmettre immédiatement ces ordres au ministre, par l'intermédiaire de l'inspecteur général d'administration chargé du contrôle du corps d'armée.

Art. 23.

Les généraux commandant les divisions et les brigades exercent, comme délégués du général commandant le corps d'armée, en ce qui concerne les corps de troupes sous leurs ordres et les circonscriptions de mobilisation de ces corps, la surveillance définie par les trois derniers paragraphes de l'article 20 de la présente loi.

Ils peuvent donner, sans autorisation préalable du général commandant le corps d'armée, l'ordre de pourvoir et de distribuer : en temps de guerre, lorsque la division ou la brigade opère isolément; en temps de paix, dans les cas d'urgence ou de force majeure.

Ils doivent alors donner cet ordre par écrit sous leur responsabilité et en rendre compte immédiatement au général commandant le corps, qui est tenu lui-même d'en rendre compte au ministre ou au général en chef de l'armée.

Les chefs de corps ou de détachement ont, dans les cas de force majeure, ou quand ils opèrent isolément, les pouvoirs dévolus ci-dessus aux généraux de division et de brigade.

ART. 24.

Les officiers et fonctionnaires chargés de la direction des services dans les divisions et les brigades, sont tenus de déférer aux ordres donnés par les généraux commandant ces divisions et ces brigades dans les conditions déterminées par les trois derniers paragraphes de l'article 22.

ART. 25.

Les directeurs des services correspondent avec le ministre et avec l'inspecteur d'administration par l'intermédiaire du général commandant le corps d'armée. Ils adressent leur correspondance à cet officier général qui est tenu de la transmettre immédiatement, avec ses observations s'il y a lieu.

Les directeurs des services correspondent directement entre eux et avec leurs subordonnés.

Ils rendent compte aux généraux, auprès desquels ils sont placés, des ordres qu'ils reçoivent de leurs chefs hiérarchiques.

Ils adressent à ces officiers généraux des rapports sur la situation des magasins et du personnel, ainsi que sur l'exécution des services.

ART. 26.

Dans les places investies, le commandant supérieur, ou le commandant ordinaire, exerce une autorité absolue sur tous les services.

ART. 27.

En cas de formation d'armée, les pouvoirs attribués par le présent titre aux généraux commandant les corps d'armée passent au général en chef, et es généraux commandant les corps d'armée n'agissent plus que comme ses délégués.

TITRE IV

Administration intérieure des corps de troupes,
des établissements considérés comme tels, des hôpitaux, ambulances
et infirmeries militaires.

CHAPITRE Ier

ADMINISTRATION INTÉRIEURE DES CORPS DE TROUPES
ET DES ÉTABLISSEMENTS CONSIDÉRÉS COMME TELS

ART. 28.

La direction et la surveillance de l'administration intérieure des corps qui ont un conseil d'administration appartiennent aux chefs de ces corps.

ART. 29.

La gestion est confiée à un conseil d'administration dont la présidence appartient à l'officier le plus élevé en grade après le chef du corps.

Ce Conseil est responsable.

Les compagnies ou sections formant corps sont administrées par leur chef également responsable.

ART. 30.

Le contrôle local est exercé par le fonctionnaire de l'intendance militaire ordonnateur.

Le contrôle, tel qu'il est défini dans l'article 14 ci-dessus, est exercé dans les formes déterminées par les articles 55 et 56 de la présente loi.

ART. 31.

Les dispositions du présent titre sont applicables aux dépôts de remonte, aux établissements pénitentiaires et autres établissements considérés comme corps de troupes.

14

CHAPITRE II

ADMINISTRATION INTÉRIEURE DES HÔPITAUX, AMBULANCES ET INFIRMERIES MILITAIRES

ART. 32.

La direction du service de santé, en ce qui concerne la science et l'art de guérir, appartient aux officiers du corps de santé militaires, qui ne relèvent à cet égard que de leurs chefs hiérarchiques.

La direction et la surveillance administratives des hôpitaux, ambulances et infirmeries militaires sont attribuées :

Dans les corps de troupes, aux chefs de corps et de détachement ; dans les hôpitaux et les ambulances militaires, sous la surveillance du commandement, aux médecins en chef responsables de la bonne exécution du service.

La direction et la surveillance du médecin en chef consistent :

La direction, à donner l'ordre de pourvoir et de distribuer suivant les besoins et les ressources, dans les limites des règlements et des allocations ordonnancées par les fonctionnaires de l'intendance ;

La surveillance, à s'assurer que les magasins de l'hôpital ou de l'ambulance renferment constamment le complet des approvisionnements prescrits, et que les malades sont pourvus de tout ce qui leur est alloué par les règlements et les décisions ministérielles.

En temps de paix, comme en temps de guerre, dans les cas non prévus par les règlements et lorsqu'il y aura urgence, le médecin en chef pourra requérir de la gestion, sous sa responsabilité et par écrit, l'exécution de ses ordres.

ART. 33.

La gestion est confiée :

Dans les corps de troupes, aux conseils d'administration conformément à l'article 29 de la présente loi ;

Dans les hôpitaux et ambulances militaires, à un conseil d'administration composé ainsi qu'il suit :

Le médecin le plus élevé en grade après le médecin en chef, président, le pharmacien et le comptable. Ce conseil est responsable.

ART. 34.

Le contrôle est exercé ainsi qu'il est dit à l'article 30.

TITRE V. — Personnel.

CHAPITRE Ier.

PERSONNEL DE DIRECTION

SECTION I

Personnel de direction de l'artillerie et du génie.

ART. 35.

La constitution, ainsi que les attributions et les fonctions des personnels de l'artillerie et du génie, en matière administrative, sont réglées par les lois, ordonnances ou décrets qui fixent l'organisation spéciale de ces deux armes.

SECTION II

Corps de l'intendance militaire.

ART. 36.

Le corps de l'intendance militaire fait partie des états-majors de l'armée ; il a une hiérarchie propre, réglée ainsi qu'il suit :
Adjoint à l'intendance militaire de 2e classe ;
Adjoint à l'intendance militaire de 1re classe ;
Sous-intendant militaire de 2e classe ;
Sous-intendant militaire de 1re classe ;
Intendant militaire ;
Intendant général.

Ces grades correspondent à ceux de la hiérarchie militaire, savoir :

Le grade d'adjoint à l'intendance militaire de 2ᵉ classe à celui de capitaine ;

Le grade d'adjoint à l'intendance militaire de 1ʳᵉ classe à celui de chef d'escadron ;

Le grade de sous-intendant militaire de 2ᵉ classe à celui de lieutenant-colonel ;

Le grade de sous-intendant militaire de 1ʳᵉ classe à celui de colonel ;

Le grade d'intendant militaire à celui de général de brigade ;

Le grade d'intendant général à celui de général de division.

Le cadre constitutif du corps est fixé conformément au tableau A annexé à la présente loi.

Les fonctionnaires de l'intendance prennent rang immédiatement après les officiers de l'armée du grade correspondant.

ART. 37.

Les cadres de l'intendance militaire sont complétés, en cas de mobilisation, par des adjoints à l'intendance au titre auxiliaire.

Ces adjoints sont recrutés parmi les engagés volontaires qui réunissent les conditions déterminées par un règlement ministériel, et qui obtiennent, après un service de deux ans auprès d'un fonctionnaire de l'intendance militaire, et après les épreuves indiquées par le même règlement, le brevet d'adjoint à l'intendance militaire au titre auxiliaire.

La position d'adjoint à l'intendance militaire au titre auxiliaire correspond au grade de sous-lieutenant.

ART. 38.

La correspondance de grade attribuée par la présente loi aux fonctionnaires de l'intendance militaire ne leur confère l'autorité militaire que dans la hiérarchie du corps dont ils font partie, ainsi que sur les différents personnels et sur les troupes de l'administration relevant directement du service de l'intendance.

La fonction donne aux membres de l'intendance militaire, quel que soit leur grade, toute autorité pour l'exercice des attributions qui leur sont confiées.

ART. 39.

Un intendant militaire, assisté de fonctionnaires de l'intendance militaire, est chargé, sous les ordres du général commandant, de la direction des services administratifs du corps d'armée.

En cas de mobilisation, un fonctionnaire de l'intendance militaire, désigné à l'avance, conformément aux prescriptions du 4ᵉ paragraphe de l'article 16 de la loi du 24 juillet 1873, prend la direction de tous les services administratifs de la région du corps d'armée, le jour où le corps d'armée mobilisé quitte la région. Il est secondé par un personnel également désigné à l'avance.

ART. 40.

En cas de formation d'armée, l'intendant général ou l'intendant militaire chargé de la direction des services administratifs de l'armée, prend le titre temporaire d'intendant d'armée.

ART. 41.

L'intendant de l'armée ou l'intendant du corps d'armée traite directement avec le général commandant les affaires administratives et financières.

Il est le chef direct des fonctionnaires de l'intendance militaire et de tout le personnel employé dans les divers services administratifs de l'armée ou du corps d'armée.

ART. 42.

Les propositions pour l'avancement et les récompenses concernant les fonctionnaires de l'intendance militaire et tout le personnel administratif sous leurs ordres, sont établies par l'intendant militaire de corps d'armée ou d'armée.

Dans les armées ou corps d'armée, les généraux commandant donnent leur avis sur ces propositions et les transmettent au ministre.

Une commission composée d'intendants généraux et d'intendants militaires établit les diverses listes de classement.

SECTION III

Corps des officiers de santé militaires

Art. 43.

Le corps des officiers de santé militaires comprend des médecins et des pharmaciens.

Il a une hiérarchie propre, savoir :

Médecin ou pharmacien, aide-major de 2ᵉ classe ;

Médecin ou pharmacien, aide-major de 1ʳᵉ classe ;

Médecin ou pharmacien, major de 2ᵉ classe ;

Médecin ou pharmacien, major de 1ʳᵉ classe ;

Médecin ou pharmacien, principal de 2ᵉ classe ;

Médecin ou pharmacien, principal de 1ʳᵉ classe ;

Médecin ou pharmacien, inspecteur.

Art. 44.

Ces grades correspondent à ceux de la hiérarchie militaire, savoir :

Aide-major de 2ᵉ classe à celui de sous-lieutenant ;

Aide-major de 1ʳᵉ classe à celui de lieutenant ;

Major de 2ᵉ classe à celui de capitaine ;

Major de 1ʳᵉ classe à celui de chef de bataillon ;

Principal de 2ᵉ classe à celui de lieutenant-colonel ;

Principal de 1ʳᵉ classe à celui de colonel ;

Inspecteur à celui de général de brigade.

Les principes posés dans l'article 38 de la présente loi, en ce qui concerne les fonctionnaires de l'intendance militaire, sont applicables aux officiers de santé de tous grades.

Le cadre constitutif de ce corps est fixé par le tableau B annexé à la présente loi.

Art. 45.

Les inspecteurs du corps des officiers de santé militaire et le pharmacien inspecteur forment auprès du ministre un conseil consultatif de santé.

Les inspecteurs sont employés aux inspections médicales annuelles.

En temps de guerre, ils dirigent aux armées le service médical proprement dit et remplissent, auprès des généraux en chef, des fonctions analogues à celles du conseil de santé.

<h2 style="text-align:center">ART. 46.</h2>

Dans chaque corps d'armée, un médecin principal est le chef du personnel des officiers de santé employés dans les corps de troupes, dans les hôpitaux et dans les ambulances, et exerce sur le personnel ainsi que sur le matériel médical une surveillance permanente.

Le médecin principal est chargé de centraliser le service de santé et de réunir les propositions pour l'avancement et les récompenses. Il a l'initiative pour toutes celles qui concernent les chefs de service dans les corps de troupes, hôpitaux et ambulances. Il les fait parvenir au général commandant le corps d'armée, qui les transmet, avec son avis, au ministre de la guerre.

Le médecin principal du corps d'armée relève directement du général commandant le corps.

<h1 style="text-align:center">CHAPITRE II</h1>

<h3 style="text-align:center">PERSONNEL D'EXÉCUTION ET DE GESTION</h3>

<h2 style="text-align:center">ART. 47.</h2>

Le personnel d'exécution et de gestion comprend :

1° Pour les services de l'artillerie et du génie :

Outre les conseils d'administration et les officiers de ces armes qui peuvent être chargés de gestion,

Les employés militaires et les ouvriers militaires de l'artillerie et du génie.

2° Pour les services de l'intendance militaire :

Les officiers d'administration des bureaux de l'intendance militaire ;

Les officiers comptables des subsistances, de l'habillement et du campement ;

Les troupes des équipages militaires détachées pour assurer les services administratifs ;

Les sections d'ouvriers d'administration et les commis aux écritures ;

3° Pour le service de santé :

Les comptables des hôpitaux militaires ;

Les sections d'infirmiers.

SECTION I

**Personnel d'exécution et de gestion des services
de l'artillerie et du génie.**

ART. 48.

Le personnel d'exécution et de gestion des services de l'artillerie et du génie est organisé conformément à la constitution des armes auxquelles il appartient.

SECTION II

**Officiers d'administration des bureaux de l'intendance
militaire.**

ART. 49.

Le personnel des officiers d'administration des bureaux de l'intendance militaire forme un corps distinct.

Il a une hiérarchie propre réglée ainsi qu'il suit :

Officier d'administration de 3ᵉ classe,

—   —   de 2ᵉ classe,

—   —   de 1ʳᵉ classe,

—   principal   { de 2ᵉ classe,
                      { de 1ʳᵉ classe.

Ces grades correspondent à ceux de la hiérarchie militaire, savoir :

Le grade d'officier d'administration de 3ᵉ classe à celui de sous-lieutenant ;

Le grade d'officier d'administration de 2ᵉ classe à celui de lieutenant ;

Le grade d'officier d'administration de 1ʳᵉ classe à celui de capitaine ;

Le grade d'officier d'administration principal à celui de chef de bataillon.

Le cadre constitutif de ce corps est fixé conformément au tableau C annexé à la présente loi.

Les principes posés par l'art. 38 de la présente loi sont applicables aux officiers d'administration des bureaux de l'intendance militaire.

ART. 50.

Les officiers d'administration de 3ᵉ classe des bureaux de l'intendance militaire se recrutent exclusivement parmi les élèves stagiaires qui ont suivi les cours d'une école d'administration militaire et qui ont subi avec succès les examens de sortie.

Peuvent être admis dans ladite école, après des examens spéciaux, les militaires de toutes armes et les engagés volontaires qui satisferont aux conditions imposées par un règlement ministériel.

SECTION III
Officiers comptables de la guerre.

ART. 51.

Le personnel des officiers comptables de la guerre comprend :

Les officiers comptables du service des hôpitaux;

Les officiers comptables du service des subsistances;

Les officiers comptables du service de l'habillement et du campement.

Il a une hiérarchie propre réglée ainsi qu'il suit :

Aide-comptable ;

Officier comptable de 2ᵉ classe ;

Officier comptable de 1ʳᵉ classe ;

Officier comptable principal $\Big\{$ de 2ᵉ classe ; de 1ʳᵉ classe.

Ces grades correspondent à ceux de la hiérarchie militaire, savoir :

Le grade d'aide-comptable à celui de sous-lieutenant;

Le grade d'officier comptable de 2ᵉ classe à celui de lieutenant;

— — de 1ʳᵉ classe à celui de capitaine ;

Le grade d'officier comptable principal à celui de chef de bataillon.

Le cadre constitutif de ce corps est fixé conformément aux tableaux D, E, F, annexés à la présente loi.

Les principes posés par l'art. 38 de la présente loi, sont applicables aux officiers comptables de la guerre.

ART. 52.

Les aides-comptables de la guerre se recrutent exclusivement parmi les élèves stagiaires de leurs cadres respectifs.

Les élèves stagiaires se recrutent, comme il est indiqué au 2ᵉ paragraphe de l'article 50 de la présente loi.

SECTION IV
Dispositions communes au personnel de direction, d'exécution et de gestion.

ART. 53.

Il n'est apporté aucune autre modification aux règles qui régissent le recrutement, l'avancement, le rang, l'état et les pensions des fonctionnaires de l'intendance militaire, des officiers du corps de santé militaire, des officiers d'administration des bureaux de l'intendance militaire, des officiers comptables de la guerre.

CHAPITRE III

PERSONNEL DE CONTROLE. — INSPECTION DE L'ADMINISTRATION
DE LA GUERRE.

ART. 54.

Il est créé un corps d'inspection de l'administration de la guerre, placé exclusivement sous les ordres du ministre.

Ce corps a une hiérarchie propre ne comportant aucune assimilation avec les grades de l'armée. Toutefois ses membres jouissent de l'état des officiers, tel qu'il est défini par la loi du 19 mai 1834.

Cette hiérarchie est ainsi réglée :

Adjoint à l'inspection ;

Inspecteur de 2ᵉ classe ;

Inspecteur de 1ʳᵉ classe ;

Inspecteur général de 2ᵉ classe ;

Inspecteur général de 1ʳᵉ classe.

Le cadre constitutif de ce corps est fixé conformément au tableau G annexé à la présente loi.

ART. 55.

Les inspecteurs de l'administration de la guerre exercent le contrôle sur les opérations administratives de tous les services (artillerie, génie, intendance) et des corps de troupes. Ils ont pour mission de sauvegarder les intérêts du Trésor et de constater l'observation des lois, ordonnances, décrets et règlements qui régissent l'administration de l'armée. Leurs investigations portent sur tout acte entraînant dépense en matières ou en deniers.

Ils ne peuvent prendre aucune part à la direction des services.

Ils représentent le ministre et agissent comme ses délégués spécialement autorisés pour l'exercice du contrôle. Ils procèdent soit par des vérifications sur pièces, soit par des inspections inopinées. Ils se présentent sans avis préalable à l'autorité militaire, qui, sur leur demande, donne les ordres pour les revues d'effectif et nomme des commissions d'officiers chargés de les assister dans les recensements de magasins.

Ils remplissent en temps de guerre, auprès des armées, toutes les missions dont le ministre juge à propos de les charger.

ART. 56.

Le ministre délègue, pour une ou plusieurs régions, un inspecteur général de l'administration de la guerre chargé d'exercer le contrôle sur les établissements spéciaux, sur les services des corps d'armée et sur les corps de troupes.

Ce fonctionnaire est assisté, s'il y a lieu, d'un ou de plusieurs inspecteurs.

ART. 57.

Les membres de l'inspection sont recrutés, savoir :

Pour la formation,

Les inspecteurs généraux de 1re classe, parmi les généraux de division et les intendants généraux inspecteurs ;

Les inspecteurs généraux de 2e classe, parmi les généraux de brigade et les intendants militaires ;

Les inspecteurs de 1re classe, parmi les colonels et les sous-intendants militaires de 1re classe ;

Les inspecteurs de 2e classe, parmi les lieutenants-colonels et les sous-intendants militaires de 2e classe, et, à défaut, parmi les chefs de bataillon et d'escadron, et les adjoints de 1re classe portés au tableau d'avancement.

Après la formation,

Le corps de l'inspection de l'administration de la guerre se recrute exclusivement parmi les capitaines de toutes armes ayant au moins quatre années de grade, et par la voie du concours.

L'avancement dans le corps de l'inspection aura lieu exclusivement au choix, d'après les listes d'aptitude dressées par les inspecteurs généraux de l'administration de la guerre.

Trois années d'ancienneté dans chaque grade seront exigées pour passer au grade supérieur.

ART. 58.

Les honneurs, préséances, ainsi que la limite d'âge des inspecteurs de l'administration de la guerre seront réglés par un décret spécial.

TITRE VI

Art. 59.

Un règlement d'administration publique et des règlements ministériels pourvoiront à la complète exécution des dispositions contenues dans la présente loi.

Art. 60.

Sont abrogées toutes les dispositions des lois, ordonnances, décrets et règlements contraires à la présente loi.

EFFECTIF DES FONCTIONNAIRES

de l'intendance militaire nécessaires pour assurer complétement le service en temps de guerre.

DÉSIGNATION	INTENDANTS	SOUS-INTENDANTS et adjoints de 1re classe	ADJOINTS de 2e classe	AUXILIAIRES	OBSERVATIONS
Personnel nécessaire pour la formation de cinq grands quartiers généraux d'armée (A)	10	35	»	35	(A) Ce personnel est chargé d'assurer les services suivants : Service général de l'intendant ; Service des hopitaux, de l'habillement et du campement ; Service des subsistances et des transports ; Service des fonds et de la comptabilité ; Administration du quartier général ; Service de la réserve de l'artillerie ; Services éventuels et missions.
Personnel nécessaire pour les 18 corps d'armée (1) :					
18 quartiers généraux (B)	18	36	»	72	
36 divisions d'infanterie	»	36	36	»	
18 brigades de cavalerie	»	18	»	18	
18 réserves de corps d'armée et brigades d'artillerie	»	18	»	18	
Réserve de cavalerie :					(1) On n'a compté que 18 corps d'armée, le personnel administratif attribué à l'Algérie étant suffisant pour constituer l'administration du 19e corps d'armée.
8 divisions de cavalerie	»	16	»	16	
Personnel nécessaire pour les armées en campagne	28	159	36	159	(B) Ce personnel est destiné à assurer les services suivants : Service des hopitaux, de l'habillement et du campement et de la comptabilité générale ; Service des subsistances, des transports et du quartier général.
Algérie	3	21	»	12	
Gouvernements de Paris et de Lyon	2	12	»	12	
Ministère de la guerre et missions	2	4	»	»	
Services territoriaux et établissements spéciaux	»	54	»	117	On laisse trois fonctionnaires titulaires sur le territoire de chaque corps d'armée.
RÉCAPITULATION	35	250	36	300	

CADRE DU CORPS DE L'INTENDANCE MILITAIRE

Intendants généraux... 5
Intendants militaires.. 30
Sous-intendants militaires de 1ᵉ classe............................ 70
Sous-intendants militaires de 2ᵉ classe............................ 110
Adjoints de 1ʳᵉ classe... 70
Adjoints de 2ᵉ classe.. 36

321

Pour mémoire :

Auxiliaires brevetés spécialement.................................. 300

OBSERVATIONS

En 1800, il y avait 600 commissaires des guerres et 60 inspecteurs aux revues.

En 1814, il y avait 722 commissaires des guerres titulaires ou provisoires et 253 inspecteurs aux revues.

En 1817, pour une armée de 200,000 hommes, il y avait 35 intendants militaires, 180 sous-intendants militaires et 35 adjoints des deux classes.

En 1870, le cadre de l'intendance militaire comptait :

Intendants généraux... 8
Intendants militaires.. 30
Sous-intendants de 1ʳᵉ classe...................................... 60
Sous-intendants de 2ᵉ classe....................................... 90
Adjoints de 1ʳᵉ classe... 60
Adjoints de 2ᵉ classe.. 30

278

Ce chiffre a été déclaré insuffisant par toutes les commissions d'enquête.

AUXILIAIRES BREVETÉS DE L'INTENDANCE

L'un des principaux défauts des cadres de l'armée, c'est leur manque d'élasticité.
Ce défaut crée des difficultés considérables et occasionne de sérieux inconvénients,
surtout lorsqu'on est obligé d'augmenter subitement le nombre d'officiers de certains corps qui, par la nature de leur service, constituent des spécialités dans
l'armée.

Si pour conduire des hommes au feu, l'entrain et la bravoure peuvent parfois
suffire, il faut pour être officier du génie, d'artillerie, ou administrateur, des connaissances spéciales auxquelles on ne supplée point par le plus brillant courage. Il importe donc, et notamment pour le corps de l'intendance militaire, d'avoir des cadres
aussi complets que possible; toutefois on ne peut résoudre ce grave problème par
une augmentation considérable du personnel permanent.

On est ainsi conduit à examiner s'il ne serait point possible d'introduire dans le
cadre de l'intendance, des membres auxiliaires qui, libres de toutes charges en temps
de paix, mais après avoir cependant fourni la preuve de connaissances déterminées,
seraient appelés, en temps de guerre, à augmenter l'effectif des administrateurs.

Nombreuses sont les courses, les recherches et les affaires pour lesquelles les
intendants emploieraient utilement un adjoint ayant l'activité de la jeunesse et une
éducation solide.

Parmi les dix-huit à vingt mille jeunes gens qui reçoivent tous les ans l'enseignement supérieur dans nos diverses écoles ou facultés, ceux auxquels il paraîtrait
naturel d'avoir recours, dans le cas particulier qui nous occupe, ce sont les étudiants
en droit.

Dans les facultés de droit on apprend, en effet, à lire et à interpréter les textes; on
se familiarise avec le langage abstrait des lois et des règlements, et, si l'on n'y
acquiert point la pratique des affaires, du moins est-on généralement en mesure,
après trois années de travail sérieux, d'analyser un contrat et d'en apprécier les
clauses.

Il y a donc un rapport marqué entre les études de droit et celles qu'il faut faire
pour entrer dans l'intendance, et lorsqu'on y est admis, pour remplir consciencieusement son devoir.

On sait que trois mille jeunes gens environ suivent chaque année les cours des dix
facultés de droit; il serait donc facile de recruter parmi eux, *trois adjoints auxiliaires*
par corps d'armée et par année, ce qui, après neuf ans, permettrait de constituer un
corps de quatre cent cinquante fonctionnaires auxiliaires.

Les étudiants désireux d'entrer dans ce service contracteraient un engagement
conditionnel avant leur vingtième année; il leur serait donné toutes facilités pour

suivre les cours de droit, sans cesser de travailler tous les jours pendant un certain nombre d'heures dans les bureaux de l'intendant.

Il se fait d'ailleurs aujourd'hui quelque chose d'analogue au ministère des affaires étrangères où certains employés, tout en restant attachés à l'un des services du ministère, sont autorisés à suivre les cours de la faculté de droit.

Quand ces jeunes gens auraient terminé leurs études et seraient possesseurs du diplôme de licencié, ils devraient subir, devant une commission spéciale, un examen portant sur les matières administratives enseignées à l'école d'état-major, par exemple ; ceux qui satisferaient à cette épreuve recevraient un brevet d'adjoint auxiliaire et seraient dispensés de servir un an dans un régiment ; au contraire, ceux qui seraient déclarés incapables, par la commission d'examen, auraient à faire leur année de service dans un corps de troupes comme les engagés ordinaires ; les candidats devraient être licenciés avant la fin de leur vingt-troisième année, sinon ils seraient obligés de faire leur année de service.

Ce système aurait l'avantage de fournir à l'intendance un personnel auxiliaire présentant toutes les garanties de moralité et d'éducation, et surtout de bonne éducation dont l'importance est peut-être plus grande pour ce corps que les qualités exclusivement professionnelles.

On acquiert facilement l'habitude de la comptabilité, on se familiarise avec les détails du service le plus compliqué, mais les sentiments élevés et délicats, les bonnes manières, l'aménité de caractère, enfin ces mille nuances indéfinissables qui distinguent l'homme de bien, et qui sont indispensables à ceux qui représentent la loi à un titre quelconque, toutes ces qualités sont la conséquence d'une éducation perfectionnée.

EFFECTIF DES OFFICIERS DE SANTÉ

nécessaires pour assurer le service en temps de guerre.

(Les indications qui figurent à ce tableau, et qui ont servi à la commission pour le calcul de l'effectif des officiers de santé, n'engagent en rien la constitution définitive du service sanitaire.)

DÉSIGNATION	MÉDECINS					PHARMACIENS				
	INSPECTEURS	MÉDECINS PRINCIPAUX	MAJORS	AIDES-MAJORS	AUXILIAIRES	INSPECTEURS	PRINCIPAUX	MAJORS	AIDES-MAJORS	AUXILIAIRES
Personnel nécessaire pour la constitution du service de santé de cinq grands quartiers généraux d'armée (A).....................	5	10	15	»	25	»	5	5	»	»
Personnel nécessaire pour le service de santé des dix-neuf corps d'armée :										
19 ambulances de quartier général de corps d'armée (B) :										
Ambulances volantes..................	»	»	19	19	95	»	»	»	»	»
Ambulances de réserve................	»	19	38	38	95	»	»	»	19	»
Hôpitaux temporaires................	»	»	19	19	95	»	»	19	»	»
38 ambulances de division d'infanterie (C) :										
Ambulances volantes..................	»	»	38	38	190	»	»	»	»	»
Ambulances de réserve................	»	38	38	38	190	»	»	38	38	»
Hôpitaux temporaires................	»	»	38	38	190	»	»	»	»	»
19 ambulances de brigade de cavalerie (D) :										
Ambulances volantes..................	»	»	19	19	38	»	»	»	»	»
8 Ambulances de division de cavalerie de réserve (E) :										
Ambulances volantes..................	»	»	8	8	16	»	»	»	»	»
Ambulances de réserve................	»	»	8	8	16	»	»	8	»	»
Personnel des ambulances..................	5	67	230	225	950	»	5	70	57	»

(A) On donne, pour l'ambulance d'un grand quartier général d'armée : 1 médecin principal, 3 majors, 5 auxiliaires, plus un médecin principal pour les missions.
(B) Pour l'ambulance du quartier général de corps d'armée, le personnel se compose de : 1 médecin principal, 4 majors, 4 aides-majors, 15 auxiliaires.
(C) Il faut, par division d'infanterie : 1 médecin principal, 3 majors, 3 aides-majors, 15 auxiliaires.
(D) Il faut, par brigade de cavalerie : 1 médecin-major, 1 aide-major, 2 auxiliaires.
(E) Pour une ambulance de cavalerie de réserve, on donne : 2 médecins-majors, 2 aides-majors, 4 auxiliaires.

16

DÉSIGNATION	MÉDECINS					PHARMACIENS				
	INSPECTEURS	PRINCIPAUX	MAJORS	AIDES-MAJORS	AUXILIAIRES	INSPECTEURS	PRINCIPAUX	MAJORS	AIDES-MAJORS	AUXILIAIRES
Personnel de santé des corps de troupes (F) :										
144 régiments d'infanterie...............	»	»	144	144	»	»	»	»	»	»
24 bataillons de chasseurs...............	»	»	24	»	»	»	»	»	»	»
12 régiments d'infanterie d'Afrique........	»	»	24	12	»	»	»	»	»	»
3 bataillons d'infanterie légère...........	»	»	3	»	»	»	»	»	»	»
Cavalerie : 77 régiments.................	»	»	77	77	»	»	»	»	»	»
Artillerie : 38 régiments de combat.........	»	»	38	»	»	»	»	»	»	»
Personnel de santé des corps de troupes......	»	»	310	233	»	»	»	»	»	»
Report du personnel des ambulances........	5	67	230	225	950	»	5	70	57	»
Personnel nécessaire pour les armées en campagne...............................	5	67	540	458	950	»	5	70	57	»
Total du personnel de santé pour les établissements de l'intérieur et de l'Algérie........	»	33	127	10	50	»	9	10	23	»
Personnel pour les armées en campagne...	5	67	540	458	950	»	5	70	57	»
Au ministère (conseil de santé).............	1	»	»	»	»	1	»	»	»	»
Inspecteurs permanents....................	4	»	»	»	»	»	»	»	»	»
	10	100	667	468	1000	1	14	80	80	175
Total général du personnel de santé........	1.235				(H)	175 (G)				

(F) Pour les corps de troupes, on donnera, *régiment d'infanterie* : 1 médecin-major, 1 aide-major.—*Bataillon de chasseurs* 1 médecin-major. — *Régiment de cavalerie* : 1 médecin-major, 1 aide-major. — *Régiment d'artillerie* : 1 médecin-major.

(G) En ce qui concerne les pharmaciens, on donne un pharmacien par ambulance de réserve ou par hôpital temporaire, indépendamment des pharmaciens attachés aux établissements de l'intérieur et de l'Algérie.

(H) On reçoit, chaque année, 380 docteurs et 70 officiers de santé.

Tableau B.
———

CADRE DU CORPS DE SANTÉ DE L'ARMÉE

	INSPECTEURS	PRINCIPAUX		MAJORS		AIDES-MAJORS		TOTAL	OBSERVATIONS
		de 1re classe.	de 2e classe.	de 1re classe.	de 2e classe.	de 1re classe.	de 2e classe.		
Médecins...............	10	40	60	240	427	368	100	1.235	1,000 auxiliaires.
Pharmaciens...........	1	6	8	30	50	65	15	175	175 auxiliaires.
Totaux........	11	46	68	270	477	433	115	1.410	

EFFECTIF DES OFFICIERS D'ADMINISTRATION

des bureaux de l'intendance nécessaires pour assurer le service en temps de guerre.

DÉSIGNATION	OFFICIERS D'ADMINISTRATION	OBSERVATIONS
Personnel nécessaire pour la formation de cinq grands quartiers généraux d'armée..........	75	Cet effectif est un maximum. En campagne, le rôle de ces officiers perd de son importance, car les vérifications ne se font pas aux armées, et leurs fonctions se bornent à la tenue d'un registre des fonds et d'un registre d'effectif.
Personnel nécessaire pour les 19 corps d'armée :		Il est donc inutile d'avoir des auxiliaires.
19 quartiers généraux........................	95	
38 divisions d'infanterie......................	111	
19 brigades de cavalerie.....................	38	
19 réserves de corps d'armée et brigades d'artillerie	19	
Réserve de cavalerie :		
8 divisions de cavalerie......................	24	
Algérie...	40	
Gouvernements de Paris et Lyon..............	25	
Services territoriaux..........................	73	
Total..............	500	

Tableau C.

CADRE DES OFFICIERS D'ADMINISTRATION

DES BUREAUX DE L'INTENDANCE MILITAIRE

Officiers d'administration principaux........................... { de 1re classe... 15 }{ de 2e classe... 15 }		30
Officiers d'administration de 1re classe...		150
Idem de 2e classe..		160
Idem de 3e classe..		160
Total........................		500

EFFECTIF DES OFFICIERS COMPTABLES

du service des hôpitaux nécessaires pour assurer le service en temps de guerre.

DÉSIGNATION	OFFICIERS COMPTABLES	AUXILIAIRES
Ambulances.		
Personnel nécessaire pour les ambulances de cinq grands quartiers généraux d'armée (3 officiers comptables, 7 auxiliaires).........	15	35
— 19 quartiers généraux de corps d'armée (3 officiers comptables, 7 auxiliaires).....................................	57	133
— 38 ambulances d'infanterie (3 officiers comptables, 7 auxiliaires).	114	266
— 19 — de cavalerie (1 officier comptable, 2 auxiliaires).	19	38
— 8 — de cavalerie de réserve (2 officiers comptables, 4 auxiliaires).....................................	16	32
	221	504
25 sections à 2 officiers comptables...........................	50	
Etablissements de l'intérieur.................................	80	
— de l'Algérie.................................	49	
	400	

Tableau D.

CADRE DES OFFICIERS COMPTABLES

DU SERVICE DES HOPITAUX MILITAIRES

Officiers comptables principaux................	{ de 1re classe............... 12 }	25
	{ de 2e classe............... 13 }	
Officiers comptables.........................	{ de 1re classe............... 120 }	247
	{ de 2e classe............... 127 }	
Aides comptables...		128
Total...		400

EFFECTIF DES OFFICIERS COMPTABLES

du service des subsistances militaires, pour assurer le service en temps de guerre.

DÉSIGNATION	OFFICIERS COMPTABLES	AUXILIAIRES
Grands quartiers généraux d'armée (5)......................	20	25
Quartiers généraux de corps d'armée (19)......................	76	95
Divisions d'infanterie (38)...................................	76	114
Brigades de cavalerie (19)...................................	38	76
Division de cavalerie de réserve (8).........................	24	32
25 sections à 2 comptables...................................	50	»
Etablissements de l'intérieur................................	76	58
Etablissements de l'Algérie.................................	40	»
	400	400

Tableau E.

CADRE DES OFFICIERS COMPTABLES

DU SERVICE DES SUBSISTANCES MILITAIRES

Officiers comptables principaux................. { de 1re classe................	12 }	25
{ de 2e classe................	13 }	
Officiers comptables........................ { de 1re classe................	120 }	247
{ de 2e classe............	127 }	
Aides-comptables...		128
Total...................................		400

EFFECTIF DES OFFICIERS COMPTABLES

du service du campement et de l'habillement, nécessaires pour assurer le service en temps guerre.

DÉSIGNATION	OFFICIERS COMPTABLES
5 grands quartiers généraux d'armée...	10
19 corps d'armée...	38
Territoire..	20
Algérie..	22
Vérificateurs..	10
Total.....................................	100

Tableau F.

CADRE DES OFFICIERS COMPTABLES

DU CAMPEMENT ET DE L'HABILLEMENT

Officiers comptables principaux. $\begin{Bmatrix} \text{de 1}^{re}\text{ classe.. } 3 \\ \text{de 2}^{e}\text{ classe.. } 3 \end{Bmatrix}$ 6 $\begin{Bmatrix} \text{dont deux sont vérificateurs du matériel.} \\ \text{dont deux sont vérificateurs.} \end{Bmatrix}$

Officiers comptables.......... $\begin{Bmatrix} \text{de 1}^{re}\text{ classe.. } 30 \\ \text{de 2}^{e}\text{ classe.. } 32 \end{Bmatrix}$ 62 $\begin{Bmatrix} \text{dont trois sont vérificateurs.} \\ \text{dont trois sont vérificateurs.} \end{Bmatrix}$

Aides comptables............................. 32

Total..................... 100

EFFECTIF DU CORPS D'INSPECTION DE LA GUERRE

nécessaire pour assurer le service en temps de paix et en temps de guerre.

———————

Il semble utile de grouper les inspecteurs en constituant un groupe pour trois corps d'armée ; on aurait ainsi :

6 groupes pour l'intérieur ;

1 groupe pour l'Algérie ;

1 groupe pour Paris ;

1 groupe pour Lyon ;

1 groupe pour le Ministère.

Chacun de ces groupes comprend :

Un inspecteur général ;

Trois inspecteurs.

Un adjoint à l'inspection pourrait être, en outre, attaché aux groupes chargés des inspections les plus importantes.

———————

Tableau G.

———

CADRE DES INSPECTEURS DE LA GUERRE

Inspecteurs généraux de 1re classe.................................... 4

Inspecteurs généraux de 2e classe.................................... 6

Inspecteurs de 1re classe.................................... 12

Inspecteurs de 2e classe.................................... 18

Adjoints à l'inspection.................................... 5

Total.................... 45

TABLE ANALYTIQUE DES MATIÈRES

TITRE III
Administration des armées, corps d'armée, divisions et brigades.

TITRE IV
Administration intérieure des corps de troupes, des établissements considérés comme tels, des hôpitaux, ambulances et infirmeries militaires.

CHAPITRE Ier
ADMINISTRATION INTÉRIEURE DES CORPS DE TROUPES ET DES ÉTABLISSEMENTS
CONSIDÉRÉS COMME TELS

CHAPITRE II

ADMINISTRATION INTÉRIEURE DES HOPITAUX, AMBULANCES ET INFIRMERIES MILITAIRES

TITRE V

Personnel.

CHAPITRE Ier

PERSONNEL DE DIRECTION

CHAPITRE II
PERSONNEL D'EXÉCUTION ET DE GESTION

CHAPITRE III
PERSONNEL DE CONTROLE. — INSPECTION DE L'ADMINISTRATION DE LA GUERRE

TITRE VI

CADRES ANNEXÉS AU PROJET DE LOI

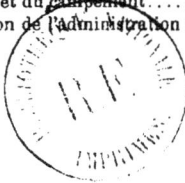

Paris. — Imprimerie A. WITTERSHEIM et Cᵉ, quai Voltaire, 31.